설득당하고 **설득**하라

설득당하고 설득하라

리처드 데니 지음 | 이구용 옮김

큰나무

'커뮤니케이션'은 무척이나 중요한 영어단어 중 하나이다. 커뮤니케이션 없는 비즈니스는 없으며, 커뮤니케이션 없는 정부도 없다. 뿐만 아니라, 커뮤니케이션이 결여되어 있거나, 효율적인 커뮤니케이션 능력이 부족한 사람은 상당한 스트레스, 초조, 화, 분노, 오해, 그리고 실망 등을 느끼게 된다. '네가 얘기만 해줬더라도', '왜 그런 식으로 말을 하지?', '그게 무슨 말이냐?' 등과 같은 말을 들어봤거나 그런 말을 해본 적이 있는가?

훌륭한 커뮤니케이션 기술은 어떤 장소에서든, 혹은 어떤 상황에서든 하나의 일을 성공으로 이끄는 데 절대적으로 중요한 역할을 한다. 정보와 지식을 정확하고 간결하게 전달하는 능력은 자신의 메시지를 고객이나 동료에게 어려움 없이 전달하거나, 어떤 일을 무리 없이 결정하는 데서 나타난다. 그리고 하나의 거래를 매끄럽게 마무리할 때 역시 그 능력이 발휘된다. 당신이 이웃 사무실의 직원과 거래를 하거나, 어느 점포에서 점원과 거래를 하거나, 혹은 길 한복판에서 어느 세일즈맨과 협상을 하거나, 그들에게 그들 각자가 알고자 하는 바를 정확히 말할 줄 아는 스킬은 그들이 매사에 최선을 다하도록 하게 하는 중요한 열쇠가 된다. 따라서 당신의 경영 전선에 그들의 능력과 노력이 꾸준히 피드백 될 경우 회사는 성공과 번영으로 이어지는 길에 천군만마를 더하게 되는 결과를 누리게 될 것이다.

 그렇다면 이 책은 무엇에 대한 책이며, 누구를 위한 책인가? 그리고 독자들은 이 책을 통해서 무엇을 얻을 것인가? 이 책은 커뮤니케이션이란 거대한 한 주제의 일면을 제시한다. 특히 각 개인 상호 간의 커뮤니케이션, 말과 글로 주고받는 커뮤니케이션, 일대일 대화를 통한 커뮤니케이션, 회의석상에 둘러앉아 나누는 커뮤니케이션 등, 커뮤니케이션에 있어서 다양한 방법들을 다룬다. 간단히 정리하면 1부는 두 사람 내지는 그 이상의 사람들이 함께 문서를 통해 회사 방침을 논의하고, 다양한 문제를 진지하게 검토하고, 활동 기획안을 마련하고, 이어 긍정적인 결론에 이르기까지의 모든 상황에 대해 다뤘다. 이어지는 2부에서는 이기는 프레젠테이션 스킬에 대해 집중적으로 다루었다.

　이 책은 자기계발이나 처세에 대한 어드바이스를 얻고자 하는 독자들에게 훌륭한 가이드가 되어 그들을 성공적인 지위에 오르게 할 것이다. 그럼으로써 궁극적으로 이 책의 독자들은 치열한 경쟁이 벌어지고 있는 프로 세계에서 커다란 자신감을 얻게 될 것이며, 고독한 인생에서는 크나큰 기쁨과 행복을 누리게 될 것이다. 결국 독자들은 '할 수만 있다면'이란 단계에서 발전하여 '할 수 있다', '한다', 그리고 '된다'의 단계로 진입할 수 있게 될 것이다. 따라서 독자들은 자기 직장에서는 물론이고 개인적인 삶에 있어서도 자신이 훌륭히 일궈 낸 성취를 통해 삶의 질을 크게 고양시키는 기회를 맞게 될 것이다.

　이 책에서 제시하고 있는 실용적인 원칙과 조언을 실행에 옮긴다면 자신들만의 커뮤니케이션 스킬을 증진시킬 수 있을 뿐만 아니라, 자신이 여태까지 결코 상상하지 못했던 커뮤니케이션 단계에 오를 수 있게 될 것이다. 상황에 적절히 어울리는 커뮤니케이션을 유지하지 못해 자신이 늘 후퇴하고 있다고 생각했던 사람이라면 앞으로는 더 발전적으로 변모한 자신을 발견하게 될 것이며, 이미 자신이 훌륭한 커뮤니케이터라고 생각하는 사람은 자신이 그보다 더욱 뛰어난 커뮤니케이터로서의 잠재력을 지니고 있었다는 것을 새삼 발견하고 놀라게 될 것이다. 당신의 직업이 무엇이든, 당신의 인생 목표가 무엇이든 간에, 당신은 훌륭히 커뮤니케이션을 하면 할수록 더욱더 많은 것을 성취하게 될 것이다.

당신은 훌륭한 지식을 얻을 수는 있겠지만,
당신이 다른 사람들과 커뮤니케이션을 할 수 없다면
당신이 획득한 지식은 모두 무용지물에 불과하다.

Step
01

커뮤니케이션 스킬
Skill of Communication

커뮤니케이션의 중요성

변화에 대한 정의를 하자면, 인류 전체의 역사를 통틀어 본 기간보다 지난 과거 30년에 걸쳐 이루어진 변화가 더 많다. 그중에서도 우리가 더욱 신속하고 효율적으로, 그리고 더욱 효과적으로 커뮤니케이션을 할 수 있도록 도움을 주면서 끊임없이 발전하는 테크놀로지의 진보를 꼽을 수 있겠다.

커뮤니케이션을 더욱 빠르고도 효율적으로 이끌 수 있도록 하는 테크놀로지의 변화가 큰 도움이 되어 오고 있다는 데는 이견의 여지가 없다. 우리는 지금 이메일, 팩스, 전화를 이용하고 있을 뿐만 아니라, 화상을 통해서도 회의를 하고 있다. 이보다 더 효과적으로 커뮤니케이션 할 수 있는 방법이 있을까? 아직은 없다.

우리에게는 다양한 뉴스를 시시각각으로 접할 수 있는 텔레비전과 라디오가 있다. 그리고 신문, 저널, 잡지, 각종 뉴스레터, 전자메일, 다양한 출판물, 그리고 수많은 웹사이트들이 우리 주변에 있다. 그야말로 현대인들은 넘쳐나는 정보의 홍수 속에서 살아가고 있다고 해도 과언이 아니다. 여기서 이보다 더 효과적으로 커뮤니케이션을 할 수 있는 수단이 또 있을까? 아직은 없다.

그럼에도 불구하고 오늘날의 어린이들은 과거에 비해 다양한 사람들과 커뮤니케이션을 하면서 다양한 지혜를 배울 기회를 갖지 못하고 있는 실정이다. 대부분의 아이들은 아침밥을 먹기가 무섭게 학교로 향한다. 교실에서는 또 학업에 열중하느라 종일 긴장을 하고 스트레스를 받는다. 그러다 보니 과거의 아이들과는 달리 뛰어놀 시간도 없고, 가까운 친구들과 교류할 시간도 턱없이 부족하다. 뿐만 아니라, 스포츠는 물론이고, 인간적인 교류의 시간을 가질 여유도 대단히 부족한 실정이다. 학교에서 돌아오면 대부분 아이들은 아예 텔레비전 앞에서 밥 먹기 일쑤다. 그러다가 잠시 학교에서 내준 숙제를 하고, 그런 다음에는 컴퓨터 앞에 앉아 몇 시간을 보낸다.

　요즘은 온 가족이 식탁에 둘러앉아 단란한 식사 한 번 제대로 하기 어렵다. 상황이 이렇다 보니 대부분 가정에서는 나름대로 의미 있는 시간을 함께 보내기가 어려울 뿐 아니라 결국 이런 상황은 가족 구성원 각자에게 발생하는 걱정거리나 어려운 문제를 함께 풀어가는 것조차 어렵게 한다. 어디 그뿐인가. 때로는 서로 간의 오해까지도 생겨난다. 그렇다면 이런 문제들이 발생하지 않도록 하기 위해서는, 혹은 그런 문제가 있더라도 빠른 시간 안에 해결될 수 있도록 하기 위해서는 서로 간의 친밀한 관계가 절실히 요구된다.

　가정 내의 불화, 결혼생활의 파경, 그리고 이혼 등이 계속해서 증가하고 있는 것 같다. 물론 그런 배경에는 직장의 과중한 업무에서 오는 중압감, 늘어가는 부채의 압력 등을 비롯한 여러 가지 이유가 있을 수 있다. 그러나 그 모든 문제의 갈등을 치유하거나, 혹은 그런 갈등이 되도록이면 발생하지 않도록 해주는 가장 중요한 예방 백신은 바로 바람직한 가정환경이다. 이 환경만 제대로 유지된다면 아이들은 어려움으로부터 보호될 수 있으며, 그들이 비행으로 엇나갈 수 있는 가능성을 사전에 차단할 수 있게 된다. 다시 말해서, 한 가정의 중요한 롤 모델이 현실에서 그만큼 중요하다는 것이다. 한편 과거의 사람들은 각자의 이웃과 서로 왕래하며 알고 지냈다. 그러면서 서로 이러저러한 대화의 시간을 가졌다. 그때는 항상 이야기를 나눌 그 누군가가 있었다. 이웃 간의 관계는 그렇게 돈독했다. 얼마나 소중한 관계였던가. 그러나 슬픈 현실이긴 하지만 지금은 상황이 바뀌었다. 분명한 것부터 짚어야겠다. 우선, 우리는 삶의 여유를 가져야 한다. 그리고 다음으로는, 보다 효과적인 커뮤니케이션을 할 수 있는 능력을 길러서 우리의 행복을 증진시켜 나가야 한다.

직장, 가정, 정치, 상업, 교육, 스포츠, 오락, 그리고 재계 등 각 분야에서, 형태는 각기 다르더라도 매일같이 우리가 보여주는 일련의 행동들은 모두 커뮤니케이션과 관련이 있다. 커뮤니케이션은 우리의 삶의 모든 영역과 서로 맞닿아 있다. 그럼에도 불구하고 오늘날, 세상에서는 커뮤니케이션의 중요성을 과소평가하기 일쑤이며, 심지어는 그 중요성에 대해서 일깨우는 것조차 대수롭지 않게 여긴다. 그러다 보니 커뮤니케이션의 소홀로 인해 종종 불행한 일이 벌어지기도 한다. 가정에서, 직장에서, 혹은 세계 정치계에서도 커뮤니케이션의 부재나 결핍으로 돌이킬 수 없는 불행한 상황이 발생하기도 하는 것이다. 케임브리지대학의 스티븐 호킹 교수는 최근 우연히 출연한 한 텔레비전 프로그램에서 '우리가 끊임없이 서로 간에 대화를 유지한다면 우리가 살고 있는 이 세계 각처에서 발생하고 있는 문제도 해결할 수 있을 것이다’라고 했다. 사실 이것은 거의 모든 상황에 다 적용될 수 있는 말 아니겠는가.

교육으로서의 커뮤니케이션

교육은 어려운 내용은 물론, 토론과 논쟁을 기본으로 한 사상, 이념, 혹은 어떤 제안에 대한 것이든 일종의 커뮤니케이션 과정이다. 어떤 사실이나 이념, 혹은 어떤 이론에 대해 효과적으로 커뮤니케이션을 할 줄 아는 훌륭한 교사는 제대로 된 자질을 갖춘 학생들을 배출해 낸다. 그러나 세계적으로 살펴보더라도 거의 대부분의 교육 시스템에서 한 가지 부족한 것이 있다. 교사로부터 가르침을 받은 학생들이 자신이 터득한 지식을 가지고 다른 사람들과 커뮤니케이션을 할 때 어떻게 해야 하는지에 대한 가르침이 바로 그것이다. 젊은 사람들은 일단은 세상이 무엇을 필요로 하는지에 대한 준비가 되어 있지 않다. 그뿐만 아니라 그들에게는 사회에서 성공과 행복을 거머쥘 채비 또한 되어 있지 않다.

교육자 중에는 '지식이 힘' 이라고 믿는 사람이 적지 않다. 그러나 이 말은 분명히 그르다. 지식은 힘이 아니다. 다만 잠재적인 힘을 지니고 있을 뿐이다. 우리는 우리가 알고 있는 것을 어떤 목적을 위해 사용하고자 교육을 하는 것이 아니라, 우리 알고 있는 대로 세상을 슬기롭게 살아가기 위해 교육을 한다. 우리가 지식을 습득했을 때 가장 중요한 것은 그 지식을 어떻게 쓰는 가이다. 다시 말해서 지식을 어떻게 커뮤니케이션 하는가, 혹은 지식을 다른 사람들과 어떻게 나누고 그들에게 전달하느냐가 가장 중요하다는 얘기이다.

우리는 이런 말에 귀를 기울일 필요가 있다. '형식적인 교육의 목적은 일자리를 얻게 하기 위함이며, 독학은 삶을 유지하게 해준다.'

기본적으로 이 말의 의미를 당장에 이해하기에는 쉽지 않을 것이다. 그러나 우리가 학교에서, 전문대학에서, 그리고 일반 종합대학에서 배우는 것들을 통해 입사 인터뷰를 통과하게 될는지는 모르겠으나, 그 형식적인 긴 교육과정에서 배운 것들을 훗날 인생을 살아가는 과정에 얼마만큼이나 실제로 활용하겠는가? 모두 솔직히 털어놓는다면, 아마 거의 없을 것이다.

비즈니스 환경

내 의뢰인 중 하나는 매년 대졸 신입사원으로 1천 명을 채용한다. 이들은 모두 똑똑하고 뛰어난 자질을 갖춘 사람들이다. 그렇기에 그들은 오늘날처럼 치열한 경쟁을 뚫고 취업의 관문을 통과했을 것이다. 그러나 안타까운 것은, 그렇게 어렵사리 취업에 성공한 그들의 60퍼센트에 달하는 인력이 일 년 안에 직장을 떠난다는 사실이다. 왜? 그들 중 일부는 특별한 소신 없이 입사한 사람들일 것이고, 또 일부는 자신이 선택한 회사가 자신에게 맞지 않아서일 것이다. 그러나 회사를 포기하고 떠나는 이들의 비율이 놀라우리만큼 높게 나온 가장 큰 이유는 그들 동료나 선배들과의 커뮤니케이션에 대한 능력의 부재에서 기인한다.

당신은 훌륭한 지식을 얻을 수는 있겠지만, 당신이 다른 사람들과 커뮤니케이션을 할 수 없다면 당신이 획득한 지식은 모두 무용지물에 불과하다.

HR(인간관계: Human Relations)지도자와 인사담당 부서장은 그들이 효과적으로 커뮤니케이션을 할 수 있는 사람을 찾는 데 문제가 있다고 말한다. 내가 지적하고 싶은 것은, 이것은 우리 교육 시스템상에 문제가 있다는 것이다. 대학에서 학생들을 가르치는 사람들은 학생들이 사회에 진출하여 커뮤니케이션 하는 방법을 가르치지 않는다. 그렇기 때문에 그들은 뛰어난 지적 자질과 능력을 갖추고 있음에도 비즈니스 세계에 준비되지 않은 채로 세상에 나온다. 한 가지 가능한 해결책은, 모든 교육자가 적어도 일 년에 3주 정도만이라도 실제로 직장 환경을 체험해보는 것이다.

여러 가지 경우 중에서, 직장에서 커뮤니케이션의 부재로 인해 생기는 문제는, 지난 어느 날 발생한 사소한 것부터 시작될 수 있다. 여기 그 전형적인 예가 있다.

A라는 사람이 새로운 직장에서 첫날을 맞았다. B라는 사람이 그에게 직장 분위기나 업무 요령을 가르쳐주기로 되어 있다.

B는 무엇을 할까?

그는 그 회사에 그래도 일정기간 동안 근무해온 사람이다. 그는 지나온 시간의 속사정을 알고 있다. 그래서 그는 자질구레하고 세부적인 사항은 내버려둔 채 전체적인 큰 그림만을 A에게 그려 보여준다. 그러나 사소하고 세세한 것들이 B에게는 부차적인 내용일지 모르나 A에게는 그렇지가 않다.

그렇다면 A는 어떻게 반응할까?

그는 입사 후 전달받은 수없이 많은 내용을 소화해 내느라 잔뜩 긴장하고 겁먹은 상태이다. 그래서 신경이 예민해질 대로 예민해져 있으며, 또 어떤 경우엔 의기소침해 한다. 사실 이런 사항들은 A가 자신의 업무에 집중하는 데에 있어 아무런 도움이 되지 않는 것들이다.

다음은 어떻게 될 것인가?

A는, 자신에게 필요한 것은 무엇보다도 업무를 위해 필요한 좀 더 구체적이고 다양한 정보라는 사실을 깨달아가기 시작한다. 그렇다면 B의 경우는 어떨까. 그는 자기가 할 일은 충분히 다 했다고 생각하고는 자기 본래 업무로 돌아갈 생각을 한다. A는 과민하게 반응하며 때로는 신경질적인 반응을 보이며 당황하기까지 한다. 그리고 그 상황에서 질문을 하면 혹시 주위에서 자기가 모자란다는 평을 듣지나 않을까 두려워하는 마음에 질문도 제대로 하지 못하는 상황에 이른다.

그렇다면 그 결과는?

A는 이미 자신과 싸움을 하고 있는 중이다. 그는 자기에게 주어진 업무를 제대로 수행해낼 수 있을까 하는 스스로에 대한 의구심을 갖기에 이른다. 그렇게 그는 스스로 서서히 자기 자신에 대한 자신감을 잃어가기 시작한다. 한편 B는 A가 그 일에 적임자가 아니라는 생각을 하기 시작한다.

여기에서 알 수 있는 교훈은?

- 커뮤니케이션을 하라.
- 명확하고, 그리고 구체적으로 설명하라.
- 어떤 사안에 대해 당신이 분명히 알고 있다고 해서 남들도 그럴 것이라고 단정하지 마라.
- 당신이 트레이닝을 받는 사람이라면 '전체적인 윤곽은 이해하겠는데, 사안 하나하나에 대해 각각 구체적으로 다시 한 번 짚어 주시겠습니까?' 라고 말하는 것을 부끄럽게 생각하지 마라.
- 질문을 해라.
- 말하라.

경영을 하는 데 있어서 잘못된 커뮤니케이션은 다음과 같은 결정적인 손실을 불러올 수 있다.

- 시간의 손실
- 존경의 손실
- 비즈니스 손실
- 돈의 손실
- 자신감의 손실
- 신용의 손실
- 관계의 손실
- 스태프의 손실
- 믿음의 손실
- 의뢰인의 손실

반대로 제대로 이루어진 커뮤니케이션은 앞서의 경우와는 판이하게 다른 즉각적인 이익이나 혜택이 주어진다. 사람들은,

- 기분이 좋다.
- 업무처리가 매끄럽다.
- 함께 일하는 것이 즐겁다.
- 동기부여를 받는다.

- 모든 것을 이해한다.

- 시간을 절약한다.

- 능력을 인정받는 기분이 든다.

- 책임감을 느낀다.

- 정보를 공유한다.

- 서로 존경하고, 신뢰하고, 호감을 갖는다.

- 경청한다.

커뮤니케이션의 결핍이 부정적인 결과를 낳는 것은 불가피한 일이다. 효과적인 커뮤니케이션은 의심의 여지없이 긍정적인 결과를 가져온다.

현대 사회에서, 정상의 위치에 서 있는 사람들에게 그 무엇보다도 절실하게 요구되는 게 바로 다른 사람들과의 커뮤니케이션이다. 이것은 정치계, 비즈니스계, 스포츠계, 엔터테인먼트계, 혹은 기타 우리가 살아가고 있는 그 어떤 분야에서든 나름으로 업적과 파워를 지닌 사람들에게 해당된다.

공공회사에서 근무하는 사람은 지위 여부와 관계없이, 누구나 종업원이나 동료와는 어떻게 커뮤니케이션을 하는지, 미디어를 어떻게 다루는지, 혹은 대중 앞에서 어떻게 스피치를 하는지에 대한 방법이나 요령을 터득해야 할 것이다. 그렇지 않으면 자신의 직책을 유지하는 게 어려워질 수 있다. 또한 여기에는 반드시 균형이 필요하다. 이를테면 지식이 있다는 것은 중요하다. 그러나 그 지식을 효과적으로 커뮤니케이션 할 수 있는 능력 또한 반드시 갖춰야 한다.

이 책을 통해서 우리는 모든 사람들이 보다 효과적으로 커뮤니케이션을 할 수 있도록 여러 유형의 상황과, 그와 관련한 일련의 시나리오를 살펴보게 될 것이다. 커뮤니케이션에 승리하고자 한다면, 모든 상황을 대비해 늘 준비해야만 한다. 롱런하기 위해서는 마음의 문부터 열어야 한다. 그러면 그럴수록 당신은 말하고 질문할 준비를 더 많이 하게 될 것이며, 여러 사람들과 관계를 많이 맺으면 맺을수록 당신은 서로 간에 있어서의 바람직한 커뮤니케이션이 당신을 위대한 승리자로 만들고 있다는 것을 스스로 발견하게 될 것이다.

주머니 속 상기 노트

■ 가족과 친구들 간에 의미 있는 대화의 시간을 마련하라

■ 당신이 알고 있는 지식을 다른 사람들과 공유할 수 있도록 커뮤니케이션 하는 요령을 배워라

■ 오해하고 있는 부분에 대해 대화하라: 이것이야말로 건설적인 커뮤니케이션이다

■ 질문하는 것을 두려워하지 말라

■ 꾸준히 대화하라

💬 명언

새로운 시작을 위해 과거로 거슬러 올라갈 수 있는 사람은 없으나 새로운 마무리를 위해 오늘 시작하는 일은 누구나 할 수 있다.

−마리아 로빈슨−

대인관계의 커뮤니케이션

다른 사람들과 원만한 커뮤니케이션을 할 줄 아는 능력은 성공한 사람들이면 이미 누구나 마스터하고 있는 하나의 스킬이라고 흔히들 말한다. 사실 다른 사람들의 도움이나 협조 없이는 이루기 어려운 것이 성공이다. 그렇다면 결국 훌륭한 커뮤니케이션 스킬이 어떤 한 사람이 성공을 하는 데 있어서 절대적으로 필요한 필수요소임은 분명하다.

현재보다 더욱 성공적인 위치에 이르고 싶거든 더욱 커뮤니케이션을 잘할 수 있도록 하라. 그러면 그럴수록 당신은 더욱더 큰 성공을 거머쥐게 될 것이다.

한편 커뮤니케이션을 잘하는 사람은 말을 잘하는 사람이라고 흔히들 말하는데 이는 잘못된 말이다.

대인관계의 커뮤니케이션에서 말을 잘해 상대방에게 좋은 인상이나 이미지를 남기는 비율은 10퍼센트 미만에 불과하다.

커뮤니케이션을 하는 데 있어서 단순히 말 잘하는 것보다 훨씬 더 중요한 것은 얼마든지 많다. 만일 최소한 두 사람의 인원이 서로 커뮤니케이션을 하게 될 경우, 그들은 함께 대화를 나누면서 무엇을 보고, 무엇을 듣고, 또한 무엇을 느낄까? 당신은 명확히, 그러니까, 모호하지 않게 자신의 메시지를 분명하게 상대방에게 전달할 수 있다. 그러나 당신과 커뮤니케이션을 하는 상대가 보이는 반응 결과는 당신의 명확한 메시지의 전달과는 관계없이 전적으로 오해에서 비롯된 행동을 보일 수가 있다. 이와 관련하여 다음과 같은 예를 한 번 들어보고자 한다.

커뮤니케이터 1: "널 위해 폴리의 전화번호를 알아 가지고 왔어."

커뮤니케이터 2: "난 지금 폴리에게 전화를 할 수가 없어. 난 지금 무척 바쁘거든."

커뮤니케이터 1: "난 지금 너에게 폴리에게 전화를 하라고 하지 않았어!"

여기에서 보면, 커뮤니케이터 1은 상대방에게 그 어떤 오해를 불러일으킬 정도의 모호한 메시지는 전달한 바 없다. 분명히 정확한 메시지를 전했다. 그러나 커뮤니케이터 1은 자신의 선한 의도를 완전히 잘못 해석한 커뮤니케이터 2로부터 전혀 예상치 않은 적대적인 반응을 받았다. 그렇다면 우리는 여기서 한 가지 사실을 생각해 볼 수 있다. '우리가 종종 커뮤니케이션을 제대로 못 하고 있다' 는 것을.

우리는 얼마든지 위의 예를 정신분석학적으로도 분석할 수가 있다. 그러나 여기서는 커뮤니케이터 2에 초점을 두어 간단히 살펴보는 것이 아무래도 나을 것 같다. 당신은 커뮤니케이터 2의 경우처럼 반응한 적은 없는가? 커뮤니케이션은 단순히 우리가 그저 무슨 말을 하고, 또 어떻게 행동하느냐를 일컫지는 않는다. 여기에는 우리가 무엇을 듣고, 무엇을 보는지 또한 포함된다. 우리가 커뮤니케이션 분야에서 뛰어난 인물이 되고자 한다면, 다른 사람들의 말이나 행동에 대해 반응하는 것보다는 제대로 응답을 할 줄 알아야 한다. 여기에는 분명한 차이가 있다. 한 의사의 처방 경우를 두고 생각해 보자. 이를테면 당신이 만일 의사가 내린 처방에 대한 응답을 보이고 있다면 당신의 병세는 분명 호전되고 있는 것이다. 그러나 응답이 아닌 다른 어떤 반응이 당신에게 나타난다면 그것은 바람직한 증상이 아니다. 왜냐하면 당신에게서 필요한 것은 의학 처방을 통한 반응보다는 응답의 변화이기 때문이다.

당신의 모든 감각을 활용하라

우선 먼저 사람들이 정보를 감지해 내는 방식을 짚어야 할 것이다. 일반적으로 여기에는 다섯 개의 주요 감각이 있다.

- 시각
- 촉각
- 청각
- 미각
- 후각

운 좋게도 우리 대부분은 이 다섯 개의 감각을 모두 지녔다. 하지만 우리는 커뮤니케이션을 할 때 이 오감 중 시각, 촉각, 청각 등 세 개의 주요 감각에만 집중한다. 대다수의 사람이 현재 이 세 개의 감각을 이용하고 있다는 것을 우리는 사실로 인정해야 할 것이다. 그러나 여기서 또 한 가지 주목할 사실은, 이 세 가지의 감각 중에서도 한 가지 감각이 다른 두 감각에 비해 월등히 자주 이용되고 있다는 것이다.

그렇다면 당신은 정보를 어떻게 처리하는가? 당신이 즉흥적으로 월등히 자주 사용하는 감각은 어떤 것인가? 시각, 촉각, 아니면 청각? 이것을 무시하고 넘겨서는 안 된다. 커뮤니케이터로서 남들보다 뛰어나기 위해서는 다른 사람들을 더욱 잘 이해할 필요가 있으며, 그에 못지않게 당신 자신에 대해서도 충분한 이해가 있어야 한다. 사람들은 이것을 감성지능(EQ)이라고 하는데, 이에 대해서는 나중에 따로 좀 더 자세히 살펴보기로 하겠다.

다음은 당신이 어떤 한 사람의 우월한 감각을 파악해 낼 수 있는 표현들이다.

■ 시각의 단서가 되는 표현들: '감이 보이네요', '제겐…… 처

럼 보입니다', '제가 보기에는', '근시안적이군요', '이제야 이렇게 뵙게 되는군요.'

시각적 감각이 뛰어난 사람은 일반적으로 말의 속도가 무척 빠르다. 그들은 영상 이미지 돌아가듯 생각도 그렇게 하기 때문이다. 그래서 그들은 자신의 생각을 영상 필름의 회전 속도에 맞춰 말을 하려고 한다. 그들은 당신을 보면 '뵙게 되어 반갑습니다' 라고 인사할 것이다.

■ 촉각의 단서가 되는 표현들: '내 감이 옳아', '꼭 움켜쥐어', '손에 손잡고', '내 생각으로부터 빠져나갔어', '가진 패를 탁자 위에 내놓읍시다.'

촉각이 우세한 사람들의 타입은 일반적으로 말을 아주 느리게 한다. 그것은 자신들의 느낌에 따라 진행되기 때문이다. 또한 그들은 이따금 자신들의 감정이나 느낌에 어울리는 적절한 말을 찾는데 어려움을 겪기도 한다. 아마 그들은 누군가를 만나면 '안녕하십니까?' 라고 인사말을 건넬 것이다. 물론 그 인사말 뜻은 '기분이 어떠신지요?' 라는 것일 게다.

■ 청각의 단서가 되는 표현들: '무슨 말씀을 하고 계신지 알아듣겠습니다', '큰 소리로 또박또박', '그것에 대해서는 듣지 못했는데요', '축어(縮語)로.'

청각이 우세한 사람들은 잘 조율된 목소리로 신중하게 가려 선택한 단어를 구사하며 역시 비교적 천천히 말을 한다. 이들이 당신에게 인사를 한다면 아마 이런 말을 건넬 것이다, '오늘 오신다는 말씀 들었습니다.' 혹은 이렇게 말할 것이다. '일이 잘 풀려가고 있다고 들었는데요'라고.

서로 다른 우세 감각을 지닌 두 사람이 각자의 상반된 목적을 가지고서 말하는 자기 자신들을 쉽게 발견할 수 있듯, 동일한 우세 감각을 지닌 두 사람이 어떻게 서로 잘 커뮤니케이션을 할 수 있는지를 알아보는 것 또한 어렵지 않다.

당신이 자신과 다른 우세 감각을 지닌 누군가와 커뮤니케이션을 하면서 어떤 곤란함에 직면하게 되었을 때 그것을 풀어갈 답은 무엇일까? 무척 간단하다. 좀 더 효율적으로 커뮤니케이션을 하기를 원한다면 구사하고 있는 언어를 바꾸어 보라. 말과 글로 표현할 때 상대방에게 맞는 적절한 언어를 사용하라. 만일 청각이 우세한 당신이 시각이 우세한 타입의 인물과 커뮤니케이션을 할 때는 이런 방식의 표현을 이용하는 것은 어떨까. '제 느낌으로는……' 이라던가 혹은 '이것에는 그게 어울리지 않는 느낌인데요'와 같은 식의 표현보다는 '저는 그것을 이렇게 봅니다.' 내지는 '그건 옳아 보이질 않는군요' 라고.

이것에 대한 잠재의식 효과는 종종 커뮤니케이션 관계 구축이라고 부르거나, 혹은 좀 더 일반적으로 표현하자면 올바른 화학(반응) 구축이라고 부른다. 여러분은 누군가를 처음 만나 본능적으로 그를 싫어했던 적이 있는가? 있었다면 그 경우는 보통 '나쁜 화학작용'이거나 '나쁜 진동'과 관계가 있다. 하지만 그 경우, 커뮤니케이션을 할 때 당신이 같은 언어로 말을 하지 않는 것이 원인이 될 수도 있다. 반대로 같은 우세감각을 지닌 두 사람은 처음부터 제대로 아주 잘 커뮤니케이션을 유지할 수도 있다.

한 사람의 커뮤니케이션 스타일을 바꾸는 것은 무척 간단하다. 여기서 여러분이 해야 할 것은 상대방(다른 사람)이 늘 구사하는 스타일의 말과 표현을 귀담아듣는 것이다. 바로 이것이 커뮤니케이션의 황금률 중 하나다.

듣고 또 잘 들어라

훌륭한 커뮤니케이터는 말 잘하고 글 잘 쓰는 능력만 가지고 있다고 되는 게 아니다. 그에 못지않게 중요한 것이 타인의 말에 귀를 잘 기울일 줄 아는 것이다.

우리는 말하는 것보다는 듣는 것을 통해 더 많은 것을 배운다. 그렇기 때문에 남의 말을 잘 듣는 것은 절대적으로 중요하다. 회자되는 말 중에 이런 얘기가 있다. 여성은 한 번에 두 사람 내지 세 사람의 얘기를 동시에 듣는 것이 가능한 반면 남성은 한 번에 한 사람의 얘기밖에는 듣지 못한다는 것이다.

우리에게는 두 개의 귀와 하나의 입이 있다. 바로 이 비율처럼 우리는 귀와 입을 활용해야 한다. 그래서 누군가의 말을 귀담아듣는 동안 명심해 둬야 할 세 가지 중요한 요소가 있다.

- 눈으로는 상대방을 본다.
- 정신은 전적으로 말하는 사람에게 집중시킨다.
- 한마디의 말, 혹은 하나의 표현을 이해하지 못하고 넘어가는 것은 없는지 체크한다. 이것은 집중력과 경청에 보탬이 된다.

누군가가 상대방의 말을 제대로 경청하고 있는지를 알아보기 위해 다음과 같은 내용을 시험해 보는 것도 괜찮다. 이를테면 주위에 있는 동료에게 아래와 같은 질문에 대한 답변을 적어보라고 하는 것이다.

　■ 모세가 방주에 태운 각 종의 동물은 몇 마리씩인가?
　■ 어느 달엔 31일이 들어 있고, 또 어느 달엔 30일이 들어 있다. 그럼, 28일이 들어 있는 달은 1년 중 몇 달이나 될까?

　이에 대한 정답은 이렇다.
　■ 각 종 마다 몇 마리? 두 마리? 아니다. 그럼, 한 마리? 아니다. 질문에 참여한 당신의 동료는 이렇게 대답하여야 할 것이다. 방주로 각 종의 동물들을 태운 사람은 모세가 아니라 노아라고 지적해야 한다.
　■ 28일이 있는 달은 2월 밖에 없다고 말하면 그 답은 맞을까? 아니다. 일 년 열두 달, 그러니까 28일은 매월 다 들어 있기 때문이다.

　이 두 가지의 질문은 누군가의 말을 제대로 주의 깊게 잘 듣고 있는가가 얼마나 중요한지를 말해주는 일례이다. 어떤 형태의 커뮤니케이션이든 다 중요하다. 하여, 우리가 늘 머릿속에 담아두어야 할 게 있다. 훌륭한 청취자는 말을 많이 하는 사람보다 더 중요하다는 것을.

　두 사람이 테이블을 가운데 두고 마주하여 서로를 바라보고 있다는 상황을 가정해 보자. 틀림없이 두 명의 사람이다. 그러나 거기에는 여섯 개의 인격체가 존재한다.

　한쪽은 나다: 내가 나라고 생각하는 사람으로서의 나, 상대방에게 보여지는 사람으로서의 나, 그리고 실제의 나. 또 한쪽은 상대방이다: 상대방이 나라고 생각하는 사람으로서의 나, 상대방(나)에게 보여지는 사람으로서의 상대방, 그리고 실제의 상대방.

　이 단계에서 효율적인 커뮤니케이션을 수립하기 위해서는 실제의 두 사람이 서로서로 커뮤니케이션을 나누는 것이 가장 중요하다. 그렇다면, 여러분은 어떻게 처신하겠는가?

　답은 간단하다. 먼저 수행자로서의 당신이 되지 말고 당신 자신으로 돌아가는 것이다. 그리고 그다음이 당신의 상상력을 컨트롤하는 것이다. 이 상황에서 환상은 금물이다. 그리고 세 번째가, 당신의 맞은편에 앉아 있는 실제의 인물을 제대로 파악할 수 있도록 질문을 던지고, 그런 다음 어떤 몸짓으로 답변을 하는지를 유심히 관찰하는 것이다.

　상상은 우리 인간만이 갖는 훌륭한 도구이다. 그러나 효율적인 커뮤니케이션을 하는 데 저해요인이 될 수도 있다. 인터뷰 당시 단

도직입적인 질문에 직접적인 답변을 기피하는 정치인의 행간을 읽어내려는 저널리스트를 떠올려보라. 저널리스트는, 그리고 궁극적으로 그의 글을 읽는 독자들은 모두 한결같이 그 글 속에서 잘못된 메시지를 잡아내려고 하는 예를 어렵지 않게 볼 수 있을 것이다. 그리되면 결국은 최초의 인터뷰(커뮤니케이션)가 긍정적 결과보다는 오히려 부정적인 결과를 초래하게 되는 셈이다.

하지만 이런 결과를 피하고 효율적인 커뮤니케이션을 이루는 방법은 간단하다. 상대방이 말하는 내용이 무엇을 뜻하는 것인지, 애매한 부분이 있으면 '이 부분이 이해가 안 된다'고 그 자리에서 상대방에게 정확히 말하는 것이다. 그렇게 말하는 것을 회피해서는 절대로 안 된다. 또한 상대방이 말하는 요지를 맘대로 재단해서도 안 된다. 그렇다고 해서 당신의 뇌리에서 맴도는 상상을 무작정 잘라내서도 안 될 것이다.

이 원리는 청취의 경우에도 똑같이 적용된다. 잘 듣고 긍정적으로 대답하라. 일례로 폴리의 전화번호와 관련하여 커뮤니케이터 2로부터 커뮤니케이터 1로의 긍정적인 대답은 '당신은 내가 그녀에게 곧바로 전화해 주기를 원하시는지요?', 혹은 '지금 당장은 그녀에게 전화를 할 수가 없어요. 하지만 상황이 허락되는 대로 곧바로 전화를 걸도록 하겠습니다' 이다. 이 장 서두에서 묘사되었던 내용보다 이것이 훨씬 더 긍정적인 대답이다. 뭐니 뭐니 해도 최고의 대답은 '대단히 감사합니다' 일 것이다.

당신의 상상을 긍정적으로 활용하라. 최상의 것을 비주얼화하려고 노력하라. 사람들이 적대적이라기보다는 유쾌해질 것이라 상상하라. 나쁜 것을 보지 말고 좋은 것을 보라. 부정적인 상상은 커뮤니케이션을 망가지게 하는 원인을 유발시킨다는 것을 항상 명심하라.

부정성을 떨쳐버려라

부정적인 사고와 부정적인 반응은 성공과 행복의 가장 큰 파괴자다. 그것은 자기 자신들뿐만 아니라 다른 사람들에게까지 나쁜 해악을 끼칠 수 있다. 또한 부정적인 커뮤니케이션은 우리가 긍정적인 관계를 유지하고 더욱 위대한 성공을 창조해 내는 것을 가로막는다.

부정적인 사고와 부정적인 커뮤니케이션은 우리가 더 많은 것 당신의 친구들, 가족, 고객, 그리고 직장의 동료들과 당신이 어떤 식으로 커뮤니케이션을 하고 있는지를 돌아보라. 일반적으로 당신은 부정적인가, 아니면 긍정적인가? 누군가에게 끊임없이 부정적인 반응을 하고 있다면, 그리고/ 혹은 그들을 시종일관 비난하고 있다면 당신은 그들과의 관계를 파괴하는 것은 물론이고 당신의 자아까지도 파괴하게 될 것이다. 그 영향은 당신이 살아 있는 동안 평생토록 지속될 것이다!

'난 이걸 잘 못 해', 혹은 '난 이걸 해낼 수가 없어'라고 여러분 스스로가 자신에게 말하고 있지는 않은가. 이와 같은 부정적 사고 역시 당신을 파괴하며, 당신이 더 많은 것을 성취하지 못하도록 당신을 끌어내린다. 그러니 긍정적으로 사고하라! 부정적인 사고와 부정적인 커뮤니케이션이 대인관계를 파괴하는 주범이라는 사실은 몇 번을 강조해도 부족함이 없다. 이 책은 인생에서의 승리를 위한 커뮤니케이션 방법에 대해 다루고 있지만, 반대로 파괴적이고 부정적인 인간성은 어떤 결말을 초래하게 되는지에 대해서도 제시하고 있다.

 **주머니 속 상기 노트**

- 집중해서 들어라
- 대답은 하되, 반응은 하지 말라
- 당신의 상상력을 컨트롤하고, 그것을 효과적으로 활용하라
- 긍정적으로 사고하고 긍정적인 사람이 되어라-오늘도 그리고 내일도

명언

당신은 누군가를 당신의 틀 속에 넣으려 하기 전에 당신 자신을 먼저 다른 사람의 틀 속에 넣을 생각을 하라.

-작자 미상-

사람들이 당신을 좋아하게 도와줘라

다른 사람과 원만한 커뮤니케이션을 할 줄 아는 능력은 성공한 사람들이면 이미 누구나 다 마스터하고 있는 하나의 스킬이라고 흔히들 말한다. 실제로 다른 사람들의 도움이나 협조 없이는 이루기 어려운 것이 성공이다. 그렇다면 결국 훌륭한 커뮤니케이션 스킬이 한 사람이 성공을 이루는 데 있어서 절대적이고 필수적인 요소임에 틀림없다.

우리는 지금 이 책을 통해서 다른 사람들과 효율적으로 상호작용을 하고, 또 서로 간에 건전한 관계를 형성하기 위해서 어떻게 해야 하는지에 대한 방법을 모색하고 있다. 그렇게 하기 위해서는 우선 친분의 유지가 반드시 선행되어야 하며, 긴장이나 불신감, 혹은 적대적인 분위기를 털어내야만 한다. 그리고 성공의 법칙 중 한 가지로, 우리가 명심할 게 있다. '가는 말이 고와야 오는 말이 곱다'는 말처럼, 우리가 즐겁고 행복하고자 한다면 다른 사람이 즐겁고 행복할 수 있도록 해줘야 한다는 것이다.

다정다감하라

일전에, 근처에 있는 우체국을 방문한 적이 있었다. 카운터에서 전문적으로 전화를 받는 직원과 시선이 마주쳤다. 그는 무척 지치고 따분해 보였다. 그의 취미가 말 기르기라는 것을 알고는 물었다. "애마는 잘 있는지요?" 그러자 곧바로 그의 표정에 화색이 돌더니 순식간에 태도가 바뀌는 것이 아닌가. 그러잖아도 최근에 좋은 일이 있었다며 희색이 만면해서 대답한다. 단 몇 분이 그의 남은 하루를 즐겁게 해준 셈이다. 내가 우체국 문을 나서려고 할 때, 날 알아본 한 사람이 내게 말을 걸어왔다. "저 친구에게 뭘 물어보셨나요?" "아무것도 아닙니다." 내가 대답했다. "뭐, 특별한 거 없었습니다." 우리가 이기적인 태도를 버린다면, 그리고 아무런 보상만 바라지 않는다면, 다른 사람의 삶에 즐거움을 가져다줄 수가 있다.

타인의 감정을 늘 소중히 여겨라

당신을 곤경으로부터 자유롭게 하고, 많은 친구들을 사귈 수 있도록 해주며, 동시에 무척이나 효과적인 커뮤니케이터처럼 당신의 명성을 드높일 수 있도록 해주는 매주 중요한 인간의 법칙이 하나 있다. 목숨을 걸 생각이 없다면 절대 깨서는 안 될 법칙이다!

인간의 가장 큰 본성 중 하나는, 사적으로든 공적으로든
누군가로부터 인정과 배려를 받고자 하는 욕구이다.

몇 년 전, 내가 함께 일한 적이 있는 인물로, 텔레비전을 통해 널리 알려진 명사 데이비드 프로스트 경(Sir David Frost)은 바로 그 인정과 배려에 있어서만큼은 절대적으로 자타가 공인하는 사람이다. 그는 언제나 사람들을 만나면 이런 식으로 인사를 건넨다. "리처드, 이렇게 뵙게 되어 정말 반갑습니다. 그간 안녕하셨는지

요?" 그러고는 또 이렇게 말을 이어간다. "이렇게 와주시니 기쁘기 그지없군요. 그동안 정말 뵙고 싶었습니다." 그는 자기 자신에 대해서는 절대 말을 하지 않는다. 그리고 절대로 거만함을 드러내지도 않는다. 다만 언제나 다른 사람에게 관심을 보일 뿐이다. 그의 이런 태도가 그 자신을 1급 커뮤니케이터로 거듭나게 했다. 그는 자기가 인터뷰하는 사람을 최고의 수준으로 올려놓는 기술의 달인이 되었다. 그 결과, 그는 언제나 인터뷰 대상자들로부터 자신이 기대하는 최고의 것을 이끌어 낸다. 데이비드 경은 인터뷰하는 상대방에게 절대로 공격적이지 않으며, 무례하게 굴지도 않는다. 그러니 모든 사람들로부터 최상의 것을 이끌어 내는 것이 그에게는 당연한 결과일 수밖에 없으며, 동시에 이는 세상에서 가장 강력한 파워를 지닌 사람들이 그를 신임하게 만드는 무기로 작용한다.

직장인의 사기를 저하시키는 커다란 요인 중 하나는 직장에서 그 자신의 존재를 중요하게 여기지 않는 환경여건이다. 이를테면 사장이 직원들에게 관심을 갖지 않는다거나, 심지어는 회사에 어떤 직원이 있으며, 또 누가 누군지조차 잘 모르는 그런 회사 분위기는 그야말로 직원들의 의욕을 상실하게 만드는 주요 요인이 된다는 사실이다. 사람의 수가 많지 않을 경우, 그들 각각의 이름을 기억하는 것은 그다지 어려운 일이 아니다. 더구나 누군가의 이름을 기억한다는 것은 대단히 중요한 일이다. 만약에 당신이 누군가의 이름을 기억하고서 그에게 접근을 한다면 당신은 자동적으로 이미 그에게 호감을 사고 들어가는 것이다. 당신은 이따금 당신 직원들과 짧게라도 담소를 나누려는 노력을 기울여야만 한다. 그리고 그들을 칭찬하고, 그들에게 어떤 문제는 없는지에 대해서도 귀를 기울이려고 노력해야만 한다. 그래야 당신은 그들에게 다가갈 수가 있다. 그렇게 할 경우, 당신은 그들로부터 존경을 받게 될 것이며, 그들이 당신을 존경하게 되면, 결국 그들은 당신을 위해 더욱 열심히 일을 하게 될 것이다. 그들이 당신을 존경하지 않는다면, 그들의 몸짓은 그저 수동적인 형식에 그칠 뿐이다.

훌륭한 사장은 직원 한 사람 한 사람의 중요한 면모를 늘 체크한다.

소프트웨어 웨어하우스(Software Warehouse)와 정글 닷컴(jungle.com)의 창업자인 스티브 베넷(Steve Bennett)은 1999년에 영국에서 가장 성공적인 젊은 기업인 상을 수상했다. 당시 그는 3백 명의 식솔을 거느리고 있었다. 한 번은 그가 회사를 순시하던 중이었다. 그러던 중에 그는 한 매니저의 사무실에 이르러 발길을 멈추고는 한 직원으로부터 걸려온 전화를 받는 것이었다. 전화를 건 사람은 그날 새벽 4시에 아기를 출산한 그 회사 직원이었다. 그야말로 인상적이었던 부분은 산모(직원)가 사장에게 전화를 걸어 직접 자신의 환경에 대해 보고하고 싶어 했다는 사실이다. 모든 상황을 파악한 베넷 사장은 축하의 꽃다발을 준비하여 그 직원에게 보내주었다. 그는 충실한 직원들을 두고 있었으며, 직원들 한 사람 한 사람의 이름을 모두 기억하고 있었다. 그토록 많은 사람의 이름을 기억하기란 말처럼 그리 쉬운 일은 아니지 않던가.

관심을 가져주면, 관심을 받는다

내 아내에겐 친구(그녀의 이름을 그냥 앤이라 부르고자 한다)가 하나 있다. 아내는 친구를 만나면 보통 이렇게 인사말을 건넨다. "앤, 만나서 너무 반갑다. 잘 있었니?" 그러면 친구 앤은 드라마 얘기, 힘들었던 얘기, 고통스러웠던 얘기, 어디 아팠던 얘기, 등등에 대한 이야기들로 인사말을 대신한다. 어림잡아 20분은 걸린단다. 그런데 만일 아내가 썰렁한 분위기로 인사를 시작한다면, 아마 그 친구 역시 썰렁하고 무미건조한 어조로 "별일 없어!"라고 대답할 것이다.

어느 날 앤과 내가 가벼운 대화를 나누게 될 기회가 있었다. 그

녀가 내게 말을 꺼냈다. "리처드, 사람들은 제게 아무런 관심이 없는 것 같아요." 나는 이렇게 대답했다. "아닙니다. 꼭 그렇진 않아요." 그러자 그녀는 자기가 어떻게 하면 남들이 자기에게 관심 갖게 할 수 있느냐고 물었다. 그래서 나는 이렇게 대답했다. "그렇다면 앞으로는 자기 자신에 대해 얘기만 하는 것을 한 번 중단해 보십시오. 그리고 다른 사람들에게 그들의 걱정거리는 무엇인지, 어떤 생각들을 하며 사는지, 힘들어 하는 점에는 또 어떤 것들이 있는지를 물어보십시오. 그렇게 하면 부인께서는 상대방의 입장을 자신의 상황과 비교해 볼 수도 있을뿐더러, 서로 간에 화기애애한 대화를 또 유지할 수 있게 될 겁니다. 부인께서 너무 자신의 틀 안에만 갇혀 지내신다면 자신이 얼마나 지루하고 외롭겠습니까."

이 이야기가 시사하는 바는 아주 단순하다. 하지만 무척 중요한 부분이다. 다른 사람들로 하여금 자신이 생각하고, 자신이 하고자 하는 일에 관심을 갖게 하려면, 그에 앞서, 다른 사람들의 생각과 그들이 하고자 하는 일에 먼저 관심을 가져주는 것이다.

많이 묻고, 경청하라. 그리고 다른 사람들이 자신에 대한 얘기를 많이 할 수 있도록 그들에게 용기를 주고 격려를 해주어라.

다른 사람들에게 많은 질문을 해주고, 그들이 하는 말에 귀를 기울일 때, 우리 모두는 그 속에서 서로 간에 어떤 공통점을 발견하게 된다. 바로 우리의 직장, 우리가 살고 있는 이 세상, 스포츠, 취미, 등등에 이르기까지 상호 간의 어떤 공통점과 차이점을 파악하게 된다. 아울러, 서로 간에 어렵고 힘든 점을 인지하게 됨으로써 우리는 훨씬 더 쉽게 커뮤니케이션을 유지해 나갈 수 있게 된다.

대화를 시작할 수 있게 해주는 질문들

- 그녀를 봤을 때 무슨 일이 있었나요?
- 우리가 어떻게 여기까지 왔을까요?
- 그 상황을 어떻게 보세요?
- 좌우지간, 그것에 대해 어떻게 생각하세요?

대화가 지속될 수 있도록 해주는 질문들

- 실제로 어떤 일이었는지 조금 더 얘기해 줄 수 없나요?
- 그다음에는 어떻게 됐어요?
- 계속하시죠, 정말 재밌네요.

- 무슨 말이죠?
- 어떤 방법인데요?

더 깊이 파고들 수 있는 유용한 질문들

- 어떻게 그런 결론에 도달했나요?
- 그 원인이 뭐라고 생각하죠?

다음은 대화를 열어가는 말의 예를 정리해보았다. 재미있게도, 각 말의 첫 마디는, '누가', '언제', '왜', '무엇을', '어디서', '어떻게', '어떤' 등으로 시작된다.

- 당신의 회사 내부에서 결정을 내리는 사람들은 누굽니까?
- 당신의 데이터를 수시로 관리해주는 사람은 누굽니까?
- 그 회의에는 누가 참석할 예정입니까?
- 당신은 언제 새로운 시스템을 구축할 계획이신지요?
- 그 문제들에 대해선 언제 더 자세히 토론할 수 있을까요?
- 언제 다시 전화를 드리면 될까요?
- 그 문제를 왜 그렇게 예상하고 계신지요?

- 그 가격이 왜 이슈가 되는 것일까요?

- 왜 시간이 더 필요한 거죠?

- 당신의 주요 관심사는 무엇인가요?

- 소프트웨어 패키지에서 찾고 계신 것은 무엇인가요?

- 당신의 비즈니스에서 핵심 영역은 무엇입니까?

- 향후 수년 내에 당신의 회사는 어디로 가게 될 거라고 보시는지요?

- 당신의 분석은 어느 지점으로부터 나온 것인지요?

- 그 시스템은 어디에 위치시킬 건가요?

- 당신에게 이 프로젝트는 어느 정도로 중요한 것인지요?

- 어떻게 하면 제가 좀 더 이해할 수가 있을까요?

- 이것을 당신의 요구조건에 어떻게 맞출 수 있을까요?

- 이 시스템이 당신의 목적에 잘 어울리는지 동의를 해주시겠습니까?

- 다른 날이 더 편하실까요?

- 이사회에서 제가 한 가지 사례를 발표해도 되겠습니까?

- 당신에게는 어떤 것이 가장 중요합니까?

- 어떤 시스템이 당신에게 가장 잘 어울리는지요?

- 당신이 좋아하는 것은 어떤 것인지요?

고객을 만족시켜라

커뮤니케이션의 이 기본 원칙들을 고객과 직원 간의 관계에 적용시켜 보고자 한다. 그랬을 때 가게 점원이나, 말수가 없는 식당 여종업원이나, 퉁명스러운 예약접수 담당자나 리셉션니스트, 혹은 당신이 정보나 도움을 받고자 하는 그 누군가에게서 실제로 심할 정도의 당혹스럽거나 불쾌한 일은 생기지 않을 것이다.

이 부분을 예시할 수 있는 간단한 슈퍼마켓 시나리오를 하나 예로 들어보고자 한다. 당신은 어떤 특정 상품을 찾고 있는데 당신이 생각하고 있던 장소에서 그 물건을 찾을 수가 없는 상황이다. 마침 그곳에 있던 점원에게 묻는다. "모르겠는데요"라는 우물거리는 듯한 대답.

당신의 첫 반응은 아마도 고객에 대한 점원의 무시와 고객을 돕고자 하는 의지의 결여에 대한 흥분 내지는 짜증스러운 기분일 것이다. 그러나 그 부분에 대해서 생각해 보면, 그 최초의 실수는 우선은 점원과 그 상점의 매니저 간의 커뮤니케이션에 있는 것이며, 그다음은 점원에게 고객과의 커뮤니케이션은 어떻게 해야 하는지에 대한 매니저의 가르침에 있는 것이다. "죄송합니다만, 잘 모

르겠는데요. 하지만 고객님을 위해 찾아보도록 하겠습니다"라고
말하는 것을 가르치는 데 그다지 시간과 노력을 요하지는 않는다.
따라서 경영자와 직원 사이에 커뮤니케이션이 분명 결여돼 있었다
고밖에 볼 수 없다. 그리고 그 여파가 고스란히 고객에게 미친 것이
며, 나아가서는 장래에 그 고객으로 하여금 쉽사리 또 다른 고객의
발길을 다른 상점으로 돌리게 하는 결과를 가져오게 할 수도 있는
것이다.

또 다른 잣대로 볼 때, 상점이나 호텔 등지에서 편안함과 친절
을 베풀고, 아울러 도움을 제공함으로써 고객들에게 가장 큰 만족
을 제공하는 주체로서, 그곳에서 근무하는 직원만큼 더 중요한 것
은 없다. 이와 관련한 실례로, 내가 직접 경험한 내용을 한 가지 소
개하고자 한다.

지금으로부터 몇 년 전의 일이다. 아내와 나는 마술(馬術) 쇼를
보러 아일랜드 카운티코크에 가서 나흘을 보내고 온 적이 있다. 우
리 부부는 매크룸(Macroom) 타운에 있는 한 작은 호텔에 머물고
있었다. 호텔 자체로 봐서 특별한 거라고는 아무것도 없었다. 그러
나 그 호텔을 소유하고 있는 버클리 가(家)가 보여준 호의는 가히
높이 칭송할 만했다. 그들은 우리 내외를 환대하는 것은 물론이고,

그 도시의 곳곳을 소개하면서 우리가 가볼 만한 곳을 일일이 체크해주었다. 내가 자동차를 주차하고 있는 동안, 아내는 먼저 로비로 걸어 들어갔다. 곧이어 아내는 따뜻한 인사를 받았다. "데니 부인, 안녕하세요. 어서 오십시오. 이렇게 부인을 다시 뵙게 되어 저희로서는 얼마나 기쁜지 모릅니다." 그 호텔을 처음 찾은 것이 그로부터 꼭 1년 전의 일이었다! 호텔에서 우리를 기억하고 있다는 것이 그저 놀라울 따름이었다. 우리 내외는 무척이나 중요한 귀빈대접을 받고 있다는 생각을 하지 않을 수가 없었다.

고객과 직원 간에 올바른 커뮤니케이션이 어떤 것이라는 것을 단적으로 보여주는 훌륭한 예라 할 수 있겠다. 바로 그 호텔의 규모는 최초보다 3배로 커져 있었다. 그러나 그 호텔의 소유자가 사업의 규모를 3배로 늘린 것은 아니었다. 그들이 확대한 규모는 음식의 질이나 침실의 가구와 같은 것이었다. 이것은 그들의 고객을 위한 배려와 관심이 얼마나 지대했는가 하는 부분을 보여주는 대목이라 하겠다.

당신 자신을 팔아라

커리어 자문인들을 대상으로 인터뷰를 해보면, 그들은 자기 자신을 파는 것이 얼마나 중요한 것인가에 대한 강조를 빠뜨리지 않는다. 그러나 그렇다고 해서 자기 자신을 어떻게 팔아야 하는지에 대한 방법을 제시해주지는 않는다. 이를테면 효율적인 세일즈맨이 되기 위해서 어떤 상품이나 서비스를 팔기 전에 자기 자신을 먼저 팔아야만 한다는 것은 이미 널리 알려진 사실이다. 그러나 그렇게 하기 위해서는 정확히 무엇을 어떻게 해야 한단 말인가?

그 대답은 아주 간단하다. 다른 사람에게 관심을 갖는 것이다. 물어라. 경청하라. 주의 깊게 관찰하라. 그리고 거기서 공통분모를 찾아내라. 당신은 유쾌하고 효율적인 커뮤니케이션 관계를 구축함으로써 잠재 고객을 장기 고객으로 전환시키기가 훨씬 수월해질 것이다. 그런 상황이라면 어떤 고객이든 당신을 좋아하게 될 것이며, 궁극적으로는 당신을 신뢰하게 될 것이기 때문이다.

세일즈 세계에서 '사람이 사람을 산다' 라는 말은 하나의 진리다. 그래서 우리는 상품이나 서비스를 사기 전에 사람을 사야 한다. 모든 고객들이 나름대로 선택권을 가지고 있는 시장에서 이 논리는 지극히 당연한 이치다. 이를테면 정치인들은 자기네들이 내세우는 정책이나 성명서 등을 팔기 전에 자기 자신을 팔려고 기를 쓴다. 그들의 호소력은 그들 각자가 지닌 외모로부터 음성에 이르기까지 폭넓게 걸쳐 있다. 그들과 관련한 리서치 연구에 따르면, 사람들은 그들이 어떤 말을 하는가에 귀를 기울이기보다는 자기가 좋아하는 스타일의 후보에게 표를 던진다고 한다.

이와 관련하여 좀 더 구체적인 실례를 살피고자 한다. 두 명의 컴퓨터 판매원에 대한 얘기이다. 판매원 A씨는 처음으로 한 회사를 방문했다. 그러고는 그 회사의 컴퓨터 장비가 이미 노후하여 서비스를 더 이상 하기가 어려우니 그들이 원하는 것을 만족시켜주기가 어렵겠다는 진단을 내렸다. 그는 그 회사를 강하게 밀어붙여 곧바로 새로운 컴퓨터를 구입하게끔 하기 위한 공격적인 비즈니스를 펼친 것이었다. 그러나 결국에 그는 그 회사로부터 퇴짜를 맞았다.

판매원 B씨 또한 처음으로 그 회사를 방문했다. B씨는 그 회사에서 쓰고 있는 장비가 어떤 것인지부터 확인했으며, 각각의 사람들에게 자신이 필요로 하는 부분이 어떤 것인지를 체크했다. 그런 다음, 그 회사 직원 한 사람 한 사람에게 개인적인 관심을 보이면서 각자가 사용하고 있는 장비에 어떤 특별한 문제가 있는지를 자세히 물었다. 각각의 얘기를 다 듣고 난 다음, 그는 각각의 장비가 지니고 있는 문제를 해결하는 방안으로 자신이 생각하는 부품을 그들에게 제안했다. 분명 그는 세일즈를 힘으로 밀어붙이는 유형은 아니었던 것이다.

그 회사가 새로운 장비를 구입하고자 할 경우, 그들은 어떤 판매원으로부터 상품을 구입하고자 하겠는가? 판매원 B씨는 자신이 몸담은 회사만을 판 것이 아니라 자기 자신을 판매했던 것이다. 관심을 보이고, 개인적인 접촉을 해보임으로써, 사람들은 그를 좋아하게 되었다. 그리고 그는 그렇게 해서 그들과 관계를 맺을 수 있게 되었다. 그의 대인 커뮤니케이션은 말 그대로 훌륭했다.

지금까지 예시한 것과 같은 원칙은 구직 면접을 보는 사람에게도 똑같이 적용된다. 이것은 질문에 대한 대답으로서 뿐만 아니라, 자신이 근무하고자 소망하는 직장에 관심이 있다는 것을 보여주고자 하는 차원에서도 중요하다. 이러한 관심을 보이는 몇 가지 질문의 예를 들어보자면 다음과 같다.

■ 어떤 유형의 트레이닝을 하시는지요?

■ 제가 첫 번째 트레이닝 코스에 합류하게 되는 시기는 언제쯤이 되겠는지요?

■ 면접관님께서는 이 회사에서 언제 근무를 시작하셨는지요?

■ 면접관님께서는 현재의 위치까지 어떻게 오르셨는지요?

■ 면접관님께서는 이 회사에 들어오시기 전엔 어떤 일을 하셨

는지요?

회사에 관심을 나타내는 질문은 그것이 어떤 질문이든 당신 장래의 고용인이 당신에게 관심을 갖도록 하는데 도움을 주게 될 것이다. 그리고 결국 이것은 당신이 그 회사에 채용되어 일하게 될 기회를 그만큼 증가시키는 것이라 할 수 있겠다.

인터뷰

면접에 통과하는 전략에 대해 상세히 다룬 책과 트레이닝 프로그램은 수두룩하다. 물론 개중에 정말 괜찮은 것도 없는 건 아니다. 그러나 좀 더 들여다보면 그야말로 탁월하다 싶을 정도로 우수한 책이나 관련 프로그램이 있는 반면, 말도 안 될 정도의 터무니없는 내용으로 가득한 것들도 즐비하다. 사실 이는 새삼스런 일도 아니다. 그리고 상황이 그렇다는 것을 많은 사람들은 이미 경험으로 알고 있다. 한편 사람들은 놀라우리만치 효과적으로 면접에 잘 대처해 나가고 있다. 그러나 그럼에도 사람들은 언제나 면접에 임하는 것 자체를 부담스러워한다. 그렇다면 실제 현장에서의 면접이 지니고 있는, 혹은 요구하는 가치나 의미는 과연 무엇일까. 면접 응시자는 면접관에게 자기 자신을 효과적으로 세일즈 할 줄 알아야 한다.

동시에 자신이 원하고 있는 그 일(직업)이 자신에게 주어졌을 때 그것이 진정 자신이 생각했던 것인지, 혹은 아닌지를 스스로 발견해 내야 한다. 한편 고용주는 일자리를 파는 사람이다. 이들은 그 자리를 팔기 전에 그것을 팔 대상이(면접 응시자) 자신들이 생각했던 인물인지 아닌지를 구분하고자 한다. 바로 면접이란 과정을 통해서다. 그래서 많은 회사들은 지금 응시자의 개인적 이력은 물론 정신적 사고영역에 이르기까지 다양한 검증과정을 통해 부적격자를 걸러낸다. 여기서 나는 개인적으로 면접을 주관하는 면접관에게 한 가지를 추천한다. 면접관은 응시자가 해당 업무(직업)와 잘 어울리는지에 대한 명확하고 분명한 검증과정을 마련해야 한다. 이와 관련하여 가장 쉽고 효과적인 방식으로 다음의 상황을 그 예로 추천한다. '네, 저야 당연히 여기 계신 응시자분에게 일자리를 팔고자 합니다. 하지만 제가 팔고자 하는 일자리를 귀하께서 얻게 되었을 경우 만나게 될 수 있는 어려운 장애나 함정 등에 대해서 모두 설명을 해 드릴까 합니다. 물론 당연히 장점이 더 많긴 하지만 말입니다. 다시 말하자면, 귀하께서 지원하신 일자리에 대한 장점과 단점에 대한 얘기를 들려 드리고 싶다는 것이지요. 하여, 귀하께서도 이 면접관에게 지금 지원하고 계신 업무와 관련지어 볼 때 자신이 지니고 있는 장단점을 모두 솔직하게 들려주시면 감사하겠습니다. 우리가 지금 서로 그렇게 하지 않는다면 앞으로 그에 대한 대가를 서로가 서로에게 지불해야만 할 것입니다. 그렇게 되면 그것은 저희를 위해서도 그렇고 귀하를 위해서도 결코 바람직한 일이라 할 수 없을 겁니다.'

당신의 실수를 인정하라

야망을 지닌 사람은 누구나 인생을 살아가는 동안 적어도 한두 번의 실수는 하게 돼 있다. 판단의 실수, 부적절한 발언, 부정확한 계산 등등. 완벽한 사람은 그 어디에도 없다.

처음부터 실수 없이 잘하는 사람은 없다.

실수는-아주 단순한 실수라 할지라도-갈등과 불신으로 이어질 수 있다. 그리고 궁극적으로는 총체적인 커뮤니케이션의 와해로 이어질 수 있다. 다만 이것을 막기 위해서는 정직해야 한다. 당신의 실수를 인정하라. 사과하라. 거짓을 말하지 마라. 상대를 속이려 들지 마라. 그리고 다른 사람을 비난하려 들지 마라. 그러기에 앞서 이렇게 하라. "죄송합니다. 그것은 제 실수였습니다."

정직함으로써, 당신은 일거에 세 가지를 얻게 된다. 그 세 가지는 당신을 올바른 방향으로 이끌게 될 것이다. 하나는, 다른 사람들과의 신뢰를 유지하여 갈등을 피하게 된다는 것이며, 또 하나는, 하나의 어떤 상황을 최악으로 몰고 가는 커뮤니케이션의 와해를 예방하게 된다는 것이다. 그리고 마지막 하나는, 오래도록 다른 사람들이 당신을 더욱더 좋아하게 된다는 것이다. 이 모두는 당신의 정직함을 칭송함에서 비롯되기 때문이다.

더 나은 서비스, 더욱 훌륭한 고객관리, 그리고 고객들의 불만을 수렴하여 개선하고자 하는 이들에게도 기본적으로 같은 원칙이 적용된다. 우리는 "손님은 항상 옳다"라는 옛말을 알고 있다. 그리고 우리는 일부 사람들이 이 말을 무의미하게 극단적인 상황으로 끌고 가는 경우도 왕왕 있다는 것 또한 알고 있다. 그럼에도 비즈니스를 하는 사람들 가운데 놀라울 정도로 많은 사람이, 고객들이 불만을 표출하는 것을 극도로 어렵게 만들고 있다. 게다가 막상 어느 고객이 불만을 표시하면 해당 회사는 고객의 불만을 내켜 하지 않으면서 자신의 부족한 서비스나 상품의 질에 대한 반성이나 사과는 없이 자신의 입장을 방어하고 정당화하려는 데에만 급급해하고 있다.

한번은 내가 어느 펍에 들어가 있을 때였다. 그때 어느 한 손님이 불만을 표하기를, 자기가 마시고 있는 맥주 맛이 정상이 아니라는 것이다. 주인은 잔뜩 싫은 내색을 지어 보이며 맥주잔을 오른쪽

위로 들어올렸다. 그러고는 잔에 담긴 내용물의 냄새를 맡아보고, 이번에는 한 모금 맛을 보았다. 그런 다음 마침내 선언을 내렸다. 그 맥주에는 아무런 문제가 없다는 것이다. 그러면서 그는 바로 그 날 아침에 맥주 통을 깨끗이 청소했다는 말도 덧붙였다.

그 손님은 끈질기게 자신의 입장을 굽히지 않았다. 흥분을 가라 앉히지 못하는 기색이 역력했다. 펍 주인은 구시렁거리며 마지못해 맥주 한 잔을 새로 가져다주었다. 그러자 손님은 단숨에 그것을 마 셔버리고 빈 맥주잔을 바 위에 소리 내어 내려놓고는 나가버렸다.

그 손님이 그 펍을 다시 찾을 확률은 거의 제로에 가깝다. 그러 나 펍 주인이 정중하게 사과하고 여러 다른 맥주 주종 중에서 그에 게 하나 고르라고 했다면, 아마 다시 찾아올 수도 있었을 것이다. 결국 펍 주인은 맥주 한 잔 값에, 그리고 적절한 커뮤니케이션 부재 로 말미암아 손님 한 사람을 잃게 된 셈이다.

이번엔 또 다른 극단적인 예를 들어보겠다. 미국에는, 훌륭한 서비스를 제공함은 물론이고 손님은 항상 옳다는 것을 진정으로 실천해 보이는 곳으로 명성이 자자한 슈퍼마켓 체인이 하나 있다. 추수감사절 직후에 있었던 일이다. 손님 하나가 칠면조가 든 종이

가방을 들고 마켓 정육점 카운터로 와서는, 그것이 수준 이하인데 다가 도무지 먹을 수가 없어서 추수감사절을 자축하려고 모인 가족들의 분위기를 잔뜩 망쳐놓았다고 불만을 터뜨렸다. 정육점 주인은 잠시도 지체하지 않고 곧바로 그 손님에게 정중히 사과를 하고는 종이가방을 열었다. 그러나 그 안에는 아무것도 들어 있지 않았으며, 있는 것이라곤 살을 모두 발라먹고 버린 뼈만 몇 개 남아 있었다.

그럴 때 일반적으로, 정육점 주인의 반응은 당연히 이랬을 것이다. "맙소사! 저희 상품이 말씀하신 것처럼 나빴다면 어떻게 그것을 다 드실 수 있으셨는지요?" 그러나 그 정육점 주인은 회사의 방침을 지키는 가운데 그렇게 대응하지 않고 이렇게 대답했다. "제가 어떻게 해 드리면 되겠는지요?" 이 경우는 마켓의 자체 리서치 조사 결과, 사람들이 평균적으로 7년 동안이나 이 마켓으로 쇼핑을 하러 차를 몰고 오는 이유를 뒷받침해 준다고 할 수 있겠다.

겸손은 오래간다. 그래서 어떤 실수를 했거나 누군가에게 조금이라도 마음의 상처를 주는 언행을 했다면 곧바로 자신의 잘못을 인정하고 그것을 곧바로 시정하려는 노력을 해야 한다. 그렇게 함으로써 당신은 조금이라도 서로 간에 남아 있을 불편한 앙금을 걷어내고 원만한 관계를 구축할 수 있게 될 것이다. 또한 그와 동시에 비로소 당신은 더 나은 커뮤니케이터가 될 것이며, 훌륭한 커뮤니케이션을 지속시킬 수 있는, 서로 간에 신뢰와 믿음을 구축하게 될 것이다.

당신이 비즈니스 매니저이거나, 혹은 지도자라면 반드시 '비난 없는' 문화를 선도할 필요가 있다. 그렇게 하지 않았을 때는 분명 불운이 닥쳐올 것이다. 이를테면 매니저가 아랫사람의 실수에 대해 사사건건 트집을 잡아 비난하거나 호통을 친다고 가정해 보자. 상황이 이렇다면 사람들은, 특히 이런 상사의 아랫사람들은 실수하고서 자신이 한 일에 대해 지나칠 정도로 두려움을 갖게 될 것이다. 상황이 그 정도에 이르면 실상 사람들은 매사에 주의를 기울이는 신중함을 넘어, 아예 주눅이 들어 아무 일도 하지 못하게 되고 말 것이다. 1990년대에는 오랜 기간 불경기가 있었다. 그래서 당시엔 '판단 유보'라는 증후군이 만연했었다. 사람들은 아무런 결정을 내리지 못했으며, 결과적으로 불경기로부터의 탈출을 더욱더 어렵게 만들었다. 누군가가 결정을 내리고, 혹여 그 결정이 잘못되기라도 하면 어쩔까 하는 두려움이 컸던 나머지 자신이 맡은 일조차 제대로 지탱하기가 어려웠던 것이다.

직원이 회사를 버리지는 않는다. 회사가 직원을 버릴 뿐이다.

당신이 매니저이거나, 혹은 지도자라면 사람들이 혹여 실수를 저지르더라도 그들을 무작정 질책만 할 것이 아니라 그 실수를 통해 일을 바로 배우도록 권장하고, 다음부터는 그런 실수가 재현되지 않도록 해야 할 것이다. 결국 당신은 그들이 실수를 통해 더욱더 큰 성공을 하도록 기회의 발판을 마련해 줘야 할 것이다.

실수를 하거든 항상 그것을 인정하라.

거의 대부분의 사람은 누구나 자신이 저지른 실수를 고백하는 데 어려움을 겪는다. 만일 당신도 그와 비슷한 처지라면 반드시 그것에서 벗어나야 한다. 비즈니스 파트너에 대해서든, 혹은 동료에게든 실수를 범했으면 그것에 대해 사과할 줄을 알아야만 한다. 사과할 줄 아는 사람만이 서로 간에 돈독한 관계를 형성할 수 있으며, 서로 간의 커뮤니케이션을 지속시킬 수가 있으며, 나아가 당신과 같은 다른 사람들을 도울 수 있는 것이다.

주머니 속 상기노트

■ 언제나 다른 사람을 무겁게 여겨라

■ 당신이 하고자 하는 일에 관심 갖게 하려거든 다른 사람들에게 먼저 관심을 보여라

■ 이름을 불러줘라-가장 듣기 좋아하는 소리가 그것이다

■ 좋은 소식을 전하는 사람이 되어라

■ 당신 자신을 세일즈 할 줄 아는 사람이 되어라

■ 당신이 무엇을 말하느냐가 중요한 것이 아니라, 그것을 어떻게 말하느냐가 중요한 것이다

■ 자신에게 잘못이 있으면, 그것을 바로 인정하라

■ 언제나 사과할 준비를 하라

💬 **명언**

당신의 기질은 당신이 지니고 있는 가장 가치 있는 것들 중 하나다. 그것을 잃지 말라.

-작자 미상-

사람들과 교류하기

인생을 살아가면서 우리가 겪는 황당할 일 중 상당수가 바로 사람들과의 교류에서 온다. 우리는 흔히 이런 말들을 듣곤 한다. '고객을 상대하는 일만 아니라면 더할 나위 없이 좋겠는데!', '사장이 너무 까다로워!', '아무개하고만 아니라면 딱 좋은데.' 우리와 똑같은 사고방식을 가진 사람들을 끌어들이거나, 혹은 우리가 원하는 대로 다른 사람들을 설득하는 일은 모든 직장에서 절대 빼놓을 수 없는 중요한 기술 중 하나이다. 사실, 그 어떤 매니저도 간절히 원하는 바이다!

동기부여를 하라 – 조종하지는 마라

효율성을 지닌 리더들은 한 사람에게 동기부여를 하기 위해서 돈, 승진, 업무 만족, 인정 등 여러 가지 요소 중에서 그에게 어떤 것이 가장 중요한 요소인지를 발견해 낸다. 그리고 그것이 대단히 중요한 사안이라는 것을 그들은 알고 있다. 각각의 사람들은 어떤 라이프스타일을 원할까? 남자든 여자든 사람들은 각기 실제로 무슨 일을 하면서 즐거움을 느낄까? 취미는 무엇이며, 기분 전환을 위해서 그들은 무엇을 할까? 이에 대한 해답을 얻었다면, 여러분은 각각의 사람들이 진정으로 원하는 것을 어떻게 얻을 수 있는지에 대한 방법을 그들 각자에게 제시해줄 필요가 있다.

훌륭한 리더십과 그렇지 못한 리더십의 차이는 동기부여와 조종의 차이다.

동기부여는 사람들이 하고자 원하는 그 무엇인가를 하도록 그들을 이끄는 행위이며, 조종은 사람들이 어떻게 해줬으면 하고 당신이 원하는 것을 그들이 하도록 이끄는 행위이다.

감성지능

효과적인 동기부여를 위해서는 각 개인 한 사람 한 사람과 원만한 커뮤니케이션을 유지해야만 한다. 또한 그 과정에서 감성지능(EQ)에 대해 유념해야 할 필요가 있다.

감성지능은 자신의 감성을 이해하고 다스리는 데에 관여할 뿐만 아니라 다른 사람들의 감성을 인식함으로써 서로 간의 관계를 다스릴 수 있도록 하는 데에도 관여한다. 따라서 당신은 다른 사람들과 공감대를 이루어야 할 필요가 있으며, 또한 자기 자신을 돌아볼 필요가 있다. 그렇게 할 수 있을 때 비로소 당신은 다른 사람들에게도 감각적으로 대처할 수 있게 된다.

감성지능의 다섯 가지 특징

■ 자기인식: 자신의 능력과 감정을 평가한다. 이들이 당신의 결정을 좌우하기 때문이다.

■ 자율: 방만하도록 내버려두지 않으면서 감성을 자극한다. 또한 이것은 더 나은 결과를 이끌어 낼 수 있도록 스스로에게 도움을 준다.

■ 동기부여: 목표를 추구하는 데 있어서 자신을 움직이게 하

는 연료를 제공한다. 당신은 목표를 설정하고, 그것을 이룰 수 있다는 믿음을 가져야만 한다.

■ 교감(공감): 그간 다른 사람들이 어떻게 느끼고 있는지를 이해하려고 노력해왔기 때문에 다른 사람들로부터 협조를 이끌어 낼 수 있다.

■ 사회적 자질: 자신으로 하여금 사회적 환경이나 여건을 읽을 수 있도록 해주며, 타의 본보기가 될 수 있는 예의범절과 자질을 갖추도록 해준다.

동기부여를 하기 위해서는 다른 사람들과의 교감이 필수적이다.

효과적인 커뮤니케이션을 하는 데 있어서 가장 중요한 부분은 다른 사람들 내부에 잠재해 있는 숨겨진 열의를 자극하는 능력이다. 그것은 자신의 열의, 말하는 방식, 그리고 음성의 높낮이와 몸짓언어에서 나온다. 진정한 열의는 사람이 거부하기 어려운 그 어떤 요소를 지니고 있어 대단히 설득력을 지닌다. 텔레비전이나 라디오, 혹은 일대일의 만남이나 단체의 만남 등 그 어떤 경로를 통하든 열정과 열의를 지닌 사람에게 우리 모두는 끌리게 돼 있다. 열의는 하나의 자석과도 같다.

칭찬이 필요한 시점에서는 칭찬을 하라

기분을 좋게 할 뿐만 아니라 열의까지 심어주어, 직장에서의 업무수행을 극대화시킨다. 그야말로 한두 마디의 칭찬만큼 훌륭한 것도 드물다. 사람들은 빈번하다 싶을 정도로 너무나도 자주 다른 사람의 실수를 찾아내어 비난하고 나무란다. 그런 사람들은 대체로 부정적인 자세를 지니고 있어서 다른 사람들의 야망을 죽이고, 자신감을 파괴하고 창조성을 부식시켜 버린다.

비판이 실수나 과오를 줄이고 수행력을 강화시키게 되는 긍정적인 커뮤니케이션으로 이어지게만 된다면 얼마든지 받아들일 만하다. 따라서 이제는 '그 디자인은 엉망이야', '그건 아무짝에도 쓸모가 없어' 라고 말하는 대신 '당신이 무슨 생각을 하고 있는지는 알 것 같아. 하지만 이런 식으로 접근해 보는 건 어떨까?' 와 같은 식으로 말하려 노력해보는 것은 어떨까.

비판은 그것이 건설적일 때에야 비로소 받아들여질 수 있다.

이루어 놓은 업적에 대해 누군가가 축하를 해줄 때 우리는 누구나 좋은 기분을 느낀다. 그렇게 되면 우리의 자신감은 높아지고

자기 자신에 대한 믿음은 증강된다. 칭찬을 해주는 사람에 대한 우리의 느낌이 중요한 만큼, 자연적으로 두 사람 간의 관계 또한 더욱 공고해진다.

그러나 여기서 한 가지 명심할 게 있다. 칭찬과 격려는 진심에서 우러나오는 것이어야만 한다는 것이다. 단순히 듣기 좋으라고 하는 달콤한 말과 칭찬은 반드시 구분돼야 한다. 듣기 좋으라고 하는 말은 상대방이 이미 인지하고 있는 부분에 대한 말이다.

칭찬의 놀라운 효과는 부모와 그의 자녀 사이에 자연스럽게 이루어지는 데서 쉽게 발견된다. 어린 아기가 방긋방긋 웃어주길 바라는 부모는 어떻게 할까? 그들은 먼저 환하게 웃는다. 아기가 방긋방긋 할 때까지 계속해서 웃는다. 그러면 곧바로 아기도 따라서 그렇게 웃는다. 그러면 아기의 모습에 한껏 고무된 부모는 아기를 보고 칭찬을 해준다. 그러한 과정은 기어다니고, 걸음마를 떼고, 마침내는 아장아장 걷는 모든 단계의 아기들에게서 공통으로 나타난다. 부모는 자기 자녀에게 '할 수 있어!' 라는 말을 연발하며 아이가 성장해 가는 과정에서 계속해서 용기를 불어넣어 주고 격려를 아끼지 않는다. 그러다가 아이가 자라서 자기 의지대로 걸어 다니게 되면 왠지 그때부터는 칭찬은 줄어들고 부정적인 말은 늘어난다. '만지라 마라', '너무 멀리 가면 안 돼', '거긴 가면 안 돼' 등등.

　우리가 좀 더 솔직해지자면, 일상생활에서 함께 일하는 비즈니스 파트너, 혹은 학교에 다니는 자녀에 대한 칭찬에 인색하다는 사실을 인정해야 할 것이다. 우리는 너무나도 우리 자신을 꼭꼭 감싸 숨긴 채 직장 동료나 가족의 구성원들에게 감사의 뜻을 표현하는 것을 잊고 사는 것 같다. 누구도 이견을 달 사람은 없을 것이다. 칭찬이나 감사의 표현이 다른 사람들의 자신감을 더욱 발전시키는 데에 도움이 될 뿐만 아니라, 궁극적으로 우리가 서로 간에 더 나은 커뮤니케이션을 할 수 있도록 하는 데 크게 이바지할 수 있는 길을 보장해 준다는 것을.

　칭찬과 비판은 감성지능을 자극함은 물론, 당신을 비롯하여 당신이 이끄는 팀의 모든 멤버를 진심으로 이해하게 하는 중요한 역할을 한다. 진정으로 효과적인 커뮤니케이션을 추구한다면, 그래서 양질의 수행성과를 이루고자 한다면, 진심으로부터의 이해나 공감은 절대적으로 중요하다.

그래서 항상 명심할 게 있다. 당신이 이끄는 팀의 모든 구성원은 저마다 하나의 인격체이지 로봇이 아니라는 사실이다. 그렇기 때문에 각 구성원 한 사람 한 사람의 습관이나 성격, 그리고 행동양식에 각별한 신경을 써야만 하며, 각 구성원이 지니고 있는 확신이나 고집을 무턱대고 꺾으려 해서는 안 된다. 따라서 그들에게 이따금씩 스스로 생각하고 판단할 기회는 제공하되, 너무 느슨해지지 않도록 통제는 해야 할 것이며, 칭찬은 자주 해주되, 자신들의 판단이나 행위가 반드시 옳다는 생각을 갖게 해서는 안 된다. 그리고 당신에게 수줍음을 타고 자신에 대한 확신은 없지만 잠재력을 지닌 사람이 있다면, 그에게는 용기를 주고, 그로 하여금 그 자신이 소속된 팀에서 중요한 구성원이라는 사실을 인지하게 해줘야 한다.

누구와 함께 일을 해 나가게 되더라도, 당신은 그가 누구이든지 간에, 그들과 함께 공감대를 이룰 수 있다는 확신을 갖도록 하라. 한 사람 한 사람의 장점과 단점을 구체화하라. 그리고 나서 그의 장점을 더욱 발전시키고, 아울러 서로 간의 효율적인 상호 커뮤니케이션을 통해서 단점의 요소를 줄여나가도록 하라.

정직

　의심 없이 칭찬을 해주고, 호의를 베풀고, 용기를 주는 일은 모든 사람으로부터 최선을 이끌어 내는 데 있어 더없이 좋은 방법일 뿐만 아니라, 당신이 그들에게 더 나은 커뮤니케이터가 되기에도 더없이 좋은 방법이다. 이와는 달리, 정직하지 못한 태도는 커뮤니케이션을 하는 데 있어 확실히 서로에 대한 공감대를 저하시키는 요소로 작용한다.

　이것은 이래서 이렇고, 저것은 저래서 저렇다고 정직하게 얘기해줌으로써 당신에게 자신감 내지는 편안함을 제공해주는 사람이 있는가? 동료들은 당신을 신뢰하고 있는가? 당신의 보스는 당신을 신뢰하는가? 정직과 성실은 승리의 자질이며, 또한 효과적인 커뮤니케이터가 되기 위한 핵심 요소들이다.

　21세기는 우리 모두가 더 오래 살고, 더 많이 즐기고, 더 많은 여행을 하고, 더욱 개선된 재정적 안정을 확보하게 될 멋진 기회들을 만들어 낼 것이다. 또한 20세기 말로 치달으면서 잘못된 정보로 인한 어떤 특정 견해라던가, 혹은 어떤 암시가 담긴 말 등이 폭넓게 만연하는 통에 좋지 않은 커뮤니케이션이 적지 않았었는데 이제는 이 부분에 있어서도 하나의 혁명과도 같은 상황이 연출될 것이다. 잘못된 정보는 그저 서로 간에 바람직한 커뮤니케이션을 와해시키고, 부정적인 태도를 취하게 할 뿐이다. 그렇기 때문에 서로 간에 있어서의 잘못된 정보는 무슨 수를 써서라도 피해야만 한다.

자기주장

이제는 다른 사람에게 때로는 실망을 안겨주기도 하는 '자기주장'에 대해서 살펴보고자 한다. 어떤 사람들은 자기주장을 제대로 펼치지를 못한다. 반면 타인이 근접조차 하기 어려울 만큼 지나칠 정도로 자기주장을 펼치는 사람들도 있다.

'아니오'라고 말하기

자기주장 펼치기는 일면 이미 준비된 어떤 상황과 관련이 있는 것이며, '아니오'라고 말할 수 있는 것도 그와 같다. 좀 더 자세히 들어가 보자. 어떤 사람들은 늘 '아니오'라는 말을 입에 달고 산다. 그것은 그들이 '아니오'라는 말 자체를 아예 좋아한다고 해야 옳겠다. 그리고 분명한 것은 그런 사람들은 성취하는 것이 거의 없다는 사실이다. 그럼 이번에는 다른 쪽 사람들을 한 번 보자. '아니오'라는 말을 하지 못하는 사람들 얘기다. 이들은 어떤 사람, 혹은 어떤 상황에 맞서는 것을 꺼린다. 그래서 이런 사람들은 하나의 일을 달성할 수 없거나, 혹은 그와 정반대로, 때에 따라서는 어떤 일을 효율적으로 처리하기도 한다. 따라서 '아니오' 라는 말을 제대로 하지 못하는 사람들은 구실을 자주 들이대거나, 혹은 방어적이며, 그래서 이로 인해 스트레스를 많이 받는다. 또한 이런 사람들은 판단력이 약하며, 장기적으로 봤을 때 다른 사람들과의 일상생활에서 자신감을 잃기도 한다.

'아니오' 라고 말하기는 사실 무척 쉽다. 말 그대로 자신이 할 수 없다거나, 혹은 어떤 것이 정말 내키지 않는다고 생각되면 그냥 '아니오' 라고 바로 말하라. 여러 가지 경우에 있어서, 우리는 대체로 꼭 대답을 해야 할 필요가 없거나, 굳이 말도 안 되는 구구한 변명을 늘어놓을 필요가 없을 때가 있다. 이와 관련된 한 가지 예화가 있다. 이웃에게 잔디 깎는 기계를 빌려달라고 청을 했던 사람에 대한 이야기이다. 그의 이웃은 이렇게 대답했다. '안 되겠는데요. 미안하게 됐습니다.' 계속해서 그 이웃은 이렇게 덧붙여 말했다. '제 장모님이 편찮으셔서.' 그러자 그는 '그런데 왜 안 되죠? 그것이 그것과 무슨 관계가 있습니까?' 라고 물었다. 그러자 이웃이 이렇게

대답했다. '꼭 어떤 관계가 있지는 않습니다만, 그렇다고 또 이렇
다 하게 어떤 변명을 드릴 것도 없답니다.'

직장에서 커뮤니케이션을 할 때 '아니오'라고 말하면 거기엔
통상 그에 합당한 설명이 요구된다. 타당한 해명이 없을 경우엔 다
른 사람들이 '아니오'라고 말한 부분의 까닭에 대해 납득하기 어렵
게 될뿐더러 그렇게 말한 당사자의 작업 성격을 이해할 수 없으며,
나아가 그 당사자 또한 곤란한 상황에 부닥치게 될 수도 있기 때문
이다. 이 시점에서 꼭 유념해 둬야 할 사항은, 당신이 무엇을 말하
느냐가 아니라 어떻게 말하는가가 중요하다는 사실이다. '아니오,
할 수 없습니다. 왜냐하면……'은 아주 잘된 표현이다. 그러나 그
말을 하는 과정에서 나타나는 여러분의 말의 어투나 얼굴 표정이
여러분의 말을 듣는 상대방의 대답이나 반응에 큰 차이를 보인다는
것이다. 거울 앞에 서서 직접 자신의 모습을 보면서 직접 한번 연출
을 해보라.

'아니오'라고 자신의 의사를 밝힐 때 올바로 표현하는 것은 대
단히 중요하다.

'아니오'라는 표현이 없는 상황에서 그와 연관된 구체적인 제

스처마저 따라주지 않는다면 그것은 서로 간에 심각한 불신을 초래하게 될 것이다. 상대방에게 '아니오' 라고 분명하게 표현을 해주는 것도 그에 대한 하나의 배려이며 존중이다. 그런데 실제로 보면 이것을 제대로 하지 못하는 사람들이 적지 않다. 그것은 혹여 상대방이 자신이 '아니오' 라고 한 말에 대해 언짢아할까 봐 그것에 두려움을 느낀 나머지 그렇게 못 하는 것이다. 그러나 만일 그런 상황이 계속 지속된다면 어떤 결과가 오겠는가. 머지않은 시점에 이르러 서로 간에 혼란이 쌓이고 되고, 그렇게 됨으로써 두 사람은 서로 간에 공격적이고 방어적인 자세를 취하게 될 것이며, 결국은 그로 인해 서로 미워하고 불신하는 상황에 이르게 될 것이다.

왜냐고 묻기

상당수의 경우에 있어서, 대립은 타협으로 얼마든지 피해갈 수 있다. '우리 모두 잘해봅시다.' '어떻게 하면 우리는 서로 윈윈할 수 있을까?' 아주 쉽게 할 수 있다. 어린이들이 너무 자주 써서 때로는 부모님을 화나게 만들곤 하는 그 멋진 단어를 사용하는 것이다. 바로 '왜?' 이다.

성인들은 대체로 '왜' 라는 말을 그리 자주 쓰는 편은 아니다.

적절한 표현과 더불어 서두에 바른 어조로 이 말을 제대로 사용한 다면 타협과 화해에 있어서 대단한 효과를 기대할 수 있으며, 쌍방 간의 큰 갈등도 사전에 피할 수가 있다.

- 제가 왜냐고 여쭈어도 괜찮겠는지요?
- 놀랍군요. 그렇다면, 당신은 왜……?
- 생각하던 중이었습니다, 왜 이것이 필요한 것일까요?
- 왜 그런 건지 지금 여쭤 봐도 괜찮겠는지요?

영향력을 행사하기 위한 기회를 얻기 위해서는 다른 사람의 생각, 의제, 혹은 그들이 지닌 부담이 어떤 것인지를 먼저 간파해야만 한다.

'왜?' 라고 묻는 습관을 들여라.

당신이 어떤 행동 내지는 어떤 사안에 대한 결정을 내려달라는 요청을 받게 될 경우, 그때마다 그 부분에 대해 의심이 들거나 확신이 들지 않을 때가 있을 것이다. 그렇다면 그때마다 왜 그런 요청이 나오게 되었는지, 그 부분에 대해 물어라. 그리고 적잖은 사람들의 커뮤니케이션 스킬이 취약하거나 심지어는 그것이 크게 결핍되어 있다는 사실도 받아들여라. 유능한 커뮤니케이터로서, 다른 사람들이 효과적으로 커뮤니케이션을 할 수 있도록 그들을 도울 수 있는 스킬을 지니고 있다면, 당신은 다른 사람들이 스스로 자신의 처지나 상황에 대해 구체적으로 설명할 기회를 주어, 그들의 감정과 정서를 다른 사람들과 함께 나눌 수 있도록 도와라. 이 부분에 대한 이해를 바탕으로 자신이 지닌 개성을 발전시킨다면 당신은 다른 사람들에게 더욱 큰 영향력을 발휘하게 될 것이다.

직접적으로 표현하기

어떤 사람들은 자신들이 간접적인 방식으로 의중을 흘리면서 상대방이 거기에 담긴 메시지를 알아채기를 바란다. 그리고 그런 방식의 대화가 하나의 커뮤니케이션이라고 믿는다. 그러나 이런 방식으로 사람들과 커뮤니케이션을 해서는 안 된다. 그런 방식의 커뮤니케이션이 진정한 의미에서 커뮤니케이션으로서의 제 역할을 다하는 예는 극히 드물기 때문이다. 대부분은 대화 중 오가는 암시를 통해 상대방에게 본의가 전달되는 것이 쉽지 않다. 설령, 어떤 의도를 가지고 말하는 사람이 듣는 상대방에서 아주 여러 차례에 걸쳐 그 암시에 대한 얘기를 자주 언급한다 하더라도 마찬가지이다. 왜냐하면 말을 듣는 사람은 상대방의 말이 완전히 다른 어떤 별개의 대상을 염두에 두고 하는 말 정도로 치부해 버리기 때문이다. 따라서 간접적인 암시를 통한 커뮤니케이션 방식은 대단히 좋지 않다.

들은 조언대로 행동하기

커뮤니케이션에 있어서 바람직하지 않은 또 다른 방식은 상대방에게 조언을 요청해서 듣고 난 다음 그것에 따라 행동으로 옮기지 않는 것이다. 만일 이런 식의 커뮤니케이션을 계속해서 해 나간다면 당신이 청해서 들었던 상대방의 조언은 하등의 가치가 없는 것으로 전락해 버리는 것이며, 나아가 당신은 최악의 경우 그 상대방과의 관계를 파국으로 이끌게 될 수도 있다. 어느 회사의 세일즈 책임자가 한 번은 내게 이런 말을 했다. '나는 우리 영업자들이 하는 말을 귀 기울여 들었다가 그 반대로 행동했다.' 그 후, 나는 그 세일즈 책임자의 팀에 소속된 한 사람으로부터 이런 얘길 들었다. '그렇다, 우리 부장님은 정말 그랬다. 그랬기 때문에 우리 팀은 단 한 번도 제대로 된 판매실적을 거둔 적이 없다!'

이쯤에서 정리해 보건대, 모든 사람은 저마다 나름의 개별적 특성을 지니고 있다. 그러므로 그 특성에 따라 그들을 관리할 필요가 있다. 이점 유념하길 바란다. 그리고 명심해야 할 또 한 가지가 있다. 바로 감성지능(EQ)의 중요성이다. 그것을 적절히 적용시켜야 한다는 것이다. 그렇게 한다면, 당신의 커뮤니케이션 스킬은 그것에 비례하여 향상될 것이다.

 **주머니 속 상기노트**

- 사람들이 무엇을 원하는지 그것을 찾아내라
- 그것을 어떻게 얻을 수 있는지를 그들에게 보여줘라
- 모든 사람은 인정받기를 원한다
- 열의는 억누를 대상이 아니다
- 당신의 감성지능을 발전시켜라
- 상대를 칭찬하라. 그러나 감언은 경계하라

- ■ '아니오' 라고 말할 수 있어야 한다
- ■ 본의가 무엇인지를 그대로 말하라

명언

실패는 범죄가 아니다. 실패는 실패로부터 배워야 한다.

-월터 윈스턴-

효과적으로 교훈 주고받기

훌륭한 지도자치고 다른 사람이 말하는 교훈을 받아들이지 않는 이는 거의 없다. 그러나 리더십 경영의 책임을 진 사람들 중 적지 않은 수가 제 역할을 다해내지 못한다. 상당수에서 그런 행태가 드러난다. 그것은 곧이어 논의하겠지만, 바로 다른 사람들의 교훈이나 지침을 제대로 수용하지 못하고 있기 때문이다.

교훈 받아들이기

다른 사람의 교훈에 대한 응답은 다음에 예시하는 부분에 대해 당신이 얼마나 관심을 두느냐에 따라 그대로 나타난다.

- 기대되는 그 어떤 것
- 필요시 되는 이유
- 필요시 되는 시기

만일 주어진 일이나 업무에 대한 그 어떤 부분에 대해서도 확실하게 이해되지 않는 부분이 있다면 질문을 하라.

물론 여기에 몇몇 경우의 예외는 있다. 이를테면 군인의 경우, 군대에서는 상급자의 명령하달에 질문을 하지 않는다. 그랬다가는 심각한 지경에 이를 수 있기 때문이다. 이와 유사한 경우가 또 있다. 경주용 자동차에 동승하여 진로를 안내하는 내비게이터가 운전자에게 100야드 전방에 45도 각도의 가파른 우회도로가 있다고 말할 경우 운전자는 그에 대해 질문을 하지 않는다. 그랬다가는 그 차의 운명은 도로에서 이탈하여 아예 전복해버리고 말 수도 있기 때문이다.

또 다른 예를 한 번 생각해 보자. 부모님에 대한 한 어린이의 절대적인 신뢰를 보여주는 좋은 예가 될 것이다. 한 가족이 시골의 한 철길을 걸어서 지나려던 참이었다. 그때 갑자기 빠른 속력으로 다가오는 기차 소리가 들렸다. 그때 어머니는 어린 아들에게 다급한 목소리로 철길 사이에 납작 엎드려 꼼짝 말고 있으라고 소리쳤다. 어린 아들은 군소리 없이 어머니가 시키는 대로 그대로 했다. 그리고 어머니 역시 철길 한쪽 옆으로 펄쩍 뛰어 곧바로 엎드렸다. 이어 기차는 곧바로 그 아이의 위를 통과하여 지나갔다. 아이는 털끝만큼의 상처도 입지를 않았다.

궁금한 사항에 대한 질문은 실수의 기회를 줄이고 만일에 일어날 수 있는 어떤 사건 발단의 단초를 제거해 내는 데 중요한 역할을 한다. 그러나 그 질문도 상황에 따라 하지 않는 것이 이로울 때가 있다.

질문을 하더라도 상대방과 자칫 대립할 수 있는 상황은 발생하지 않도록 신경 써야 한다.

피드백

지침이나 교훈을 받으면 그것에 대한 이행과정이 뒤따르게 마련이다. 유능한 커뮤니케이터는 경영자나 팀의 리더가 일련의 과정에 대한 진행 상황을 그때그때 숙지하도록 유지시킨다. 달리 표현하자면, 늘 피드백을 제공한다는 얘기이다. 상대방이 물어올 때까지 기다리지 마라. 당신의 보스가 늘 새로운 정보를 유지할 수 있도록 해주는 것이 훨씬 더 중요하다. 그러나 그렇다고 해서 그것을 유지시킨다는 생각에 지나치게 나서서는 안 된다. 당신이 매 순간 일일이 나서서 피드백을 제공한다면 아마 당신의 보스는 오히려 그것에 지나친 동요를 보일 수도 있기 때문이다.

효과적인 피드백은 에러 교정을 베이스로 작동하는 현대 항공기의 오토파일럿(자동 조종장치 비행)에 비교될 수 있다. 오토파일럿은 자칫 항공기가 항로를 이탈하게 되면 자체적으로 그것을 바로잡는 역할을 수행하게 된다. 비즈니스를 하는 모든 사람에게 있어서 그들이 잘못된 방향으로 가게 될 경우 그것을 바로잡아 줄 수 있는 정확한 정보를 유지하는 것은 대단히 중요한 일이다. 잘못된 방향을 바로 잡아 바른 방향으로 갈 수 있도록 되돌리는 것이 바로 오토파일럿이며, 정확한 정보에 대한 피드백이다.

유능한 리더는 좋은 소식뿐만 아니라 나쁜 소식도 귀담아들을 줄 아는 아량을 겸비한다.

'나쁜 소식을 가지고 온 사람에게 화내지 마라' 라는 속언을 우리는 익히 들어 알고 있다. 그러나 안타깝게도 우리 주변에는 나쁜 소식을 전하는 사람에게 앞뒤를 가려보지도 않고서 무턱대고 호통이나 야단부터 치고 나오는 경영인들이 허다하다. 그렇다면 이럴 경우, 그 결과는 어떻게 될까. 소식을 전하고자 하는 사람은 상황이 어떻게 되어가고 있는지에 대해 말하기가 두려울 것이다. 특히, 일이 잘못 되어가고 있는 상황에서는 더욱 그럴 것이다. 그렇다면 이것은 무엇인가. 바로 이것이야말로 제대로 된 커뮤니케이션의 부재이다. '나쁜 소식을 가지고 온 사람에게 화를 내는 것' 은 경영이 취약하다는 것을 단적으로 보여주는 하나의 신호이다. 그렇다면 나쁜 소식을 접하게 되었을 때에는 어떻게 하는 것이 바른 자세인가.

- 문제점의 본말을 파악한다.
- 그 문제점을 바로 잡는다.
- 그런 일이 재발하지 않도록 상황을 정비한다.

맞비난은 서로에게 감정만 상하게 할 뿐 아니라 서로 불신만 안겨주게 된다.

문제점 다루기

　직장에서 벌어진 문제들을 긍정적인 자세로 처리하는 것은 비즈니스 커뮤니케이션에서 대단히 중요한 부분으로, 생산적인 환경을 마련하는 데 큰 도움을 준다. 사람들은 자신이 생각하고 있는 바를 말할 수 있어야만 하며, 나쁜 소식뿐만 아니라 좋은 소식까지도 함께 나눌 수 있어야 한다. '우리는 실수를 통해서 모든 것을 배운다' 라는 말은 전적으로 맞는 얘기이다. 자신이 저지른 실수를 인정하고 그것에 정면으로 맞서서 바로 잡으려 노력하는 한 말이다. 우리가 누구이든지 간에, 혹은 우리의 전적이 아무리 좋다 하더라도, 우리는 매 순간 모든 것을 정확하고 올바르게 처리하지는 못한다.

　새로운 직원을 영입할 때마다 나는 늘 쌍방 커뮤니케이션의 중요성을 강조한다. 내가 항상 하는 말이다.

　행복하지 않다면 내게 말하게. 그리고 확신이 없다면 내게 묻도록 하게. 그리고 뭔가가 잘못되어 가고 있다고 생각하면 내게 와서 나와 상의를 하도록 하게. 내가 자네를 당혹스럽게 하는 어떤 말을 하더라도 혼자서 말 못하고 그것에 너무 끙끙거리지 말고 내게 와서 말을 하고, 그것을 함께 해결해 보도록 하세. 나도 사람인지라 모든 사람의 마음을 다 읽을 수는 없다네. 그러니 그 어떤 일로 해서 혼자서 스스로를 불행한 사람이라 여긴다거나, 자신에 대해 불신을 갖는다거나, 혹은 심하게 스트레스를 받진 말도록 하게. 그런 일들이 있다면 언제든지 내게 와서 알려주도록 하게. 그 모든 것은 자네에게 달렸네.

이것이야말로 어떤 조직에서든 그 조직이 크든 작든 모든 단계에서 개개인 간에 효과적인 커뮤니케이션을 유지하기 위해서는, 그리고 실수의 위험과 오해와 악감정 등을 최소화하기 위해서는 그 조직을 책임지고 있는 경영자가 갖추어야 할 바른 자세다. 여러 가지 문제들에 대한 커뮤니케이션의 실패는 스트레스와 불신으로 이어지고, 이는 곧바로 업무이행에 직접적인 영향을 끼치게 됨은 물론이고, 팀 전체 커뮤니케이션의 와해를 야기할 수도 있다.

감정이나 불만거리 등을 억눌러 숨기는 것은 한 개인이 할 수 있는 최악의 행위이다.

내부의 이해관계

큰 조직에는 전부 내부적으로 이해관계가 있다는 얘기를 가끔씩 듣게 된다. 사실일 수 있다. 하지만 이것을 그냥 좌시해서는 안 된다. 만일에 당신이 그것을 컨트롤할 수 있는 상황이라면 내부적인 이해관계 문제가 점점 곪아가는 환경이 되지 않도록 스스로가 할 수 있는 모든 것을 해야 하며, 그와 반대로 당신이 그런 상황이 아니라면 그들 조직의 일부가 되지 않도록 나름대로 각별한 노력을 기울여야 할 것이다.

내부적인 이해관계는 개개인에게 손해를 끼칠 뿐만 아니라 다음의 경우에서처럼 조직 그 자체에도 해를 끼칠 수가 있다.

특별히 한 예를 보자. 어느 출판사에서 정규 편집자 회의가 열렸다. 편집자들은 한 저자가 제안해 온 도서가 어떠어떠한 책이며, 그 책이 출간되었을 때에는 그것을 어떻게 효과적으로 홍보하고, 그리고 적어도 일정량의 부수가 판매될 수 있다는, 그야말로 출판 후 시장에 내놓을 가치가 있는 것인지에 대한 전반적인 내용을 두고 세일즈 마케팅 부서 담당자들에게 이해를 시켜야만 했다.

불행하게도 이 출판사는 낡은 구습 형태의 위계조직으로 말미암아 신음하고 있는 회사였다. 이를테면 각 부서장은 자기네들 수하에 있는 사람들을 윗선으로부터 들은 대로만 곧이곧대로 움직여야 했으며, 입장 또한 그와 마찬가지로 유지해야만 한다는 견해를 지니고 있었다. 다른 식으로 표현하자면, 긍정적인 커뮤니케이션

이란 그들에게 애당초부터 부여되지 않은 그런 무용의 대상일 뿐
이었다.

좀 더 구체적인 예를 하나 더 들어보겠다. 편집부의 논의를 거
쳐 하나의 타이틀이 선정되었다. 특히 신참 편집자 중 일부는 그 타
이틀에 대해 열렬한 반응을 보이며 각별한 애정을 표하기까지 했
다. 한편 마케팅 담당부장은 그 타이틀에 대해 즉각적으로 반대 의
사를 표명했다. 저자가 인지도도 낮고, 그 타이틀의 주제 역시 '위
험천만하다'는 주장이었다.

그 타이틀이 바로 저 유명한 〈자칼의 날(The Day of the
Jackal)〉이었다. 이 타이틀은 곧바로 다른 출판사로 넘어가게 되
었다. 그리고 그 책은 마침내 세계적인 베스트셀러가 되었으며, 영
화로도 제작되어 엄청난 성공을 거두었다. 그러면서 그 책의 저자
는 그 후에도 줄곧 승승장구하며 계속해서 소설분야에서 세계 시
장을 이끄는 중요한 작가가 되었다. 만일에 그 책의 원고를 검토한
최초 출판사의 마케팅 부서장이 다른 직원들의 의견에 귀를 기울
이는 자세만 있었더라도 그 출판사는 대박을 일궈낸 출판사가 되
었을 것이다.

이 이야기는 중간 경영진이 직장에서 각각의 해당 부서 직원들

에게 귀를 기울이고 그 의견을 적극적으로 반영하려는 노력이 얼마나 중요한 것인지를 보여주는 하나의 적절한 사례라 하겠다. 만일 그렇게 하지 않는다면 그 회사의 비즈니스는 더욱 힘들어질 수밖에 없을 것이다. 긍정적인 커뮤니케이션은 모든 단계와 과정에서 상호 간의 필수불가결한 요소라는 것을 다시 한 번 강조한다.

그것에 대해 말하는 방식

존 하비-조운즈 경(Sir John Harvey-Jones)은 영국에서 가장 유명한 기업가 중 한 사람이다. 비록 지금은 은퇴하여 일선에서 물러나 있는 상황이긴 하지만, 그는 컨퍼런스 연사로, 분쟁조정자로 이전 못지않은 활발한 활동을 하고 있는 인물이다. 그의 뛰어난 재주 중 하나는 누구의 저항도 받지 않고 건설적인 비판과 더불어 자신의 탁월한 능력을 기반으로 상호 커뮤니케이션을 수행하는 그의 방식이다. 한 회사의 실적을 개선하고, 또 그 회사의 이미지를 상승시키기 위해서는 어떻게 하는 것이 좋을까. 이에 대해 존 경은 늘 습관처럼 조언을 한다, '절대 말하지 않는다.'

가르침을 전하는 것과 말하는 것에는 큰 차이가 있다. 가르침

(존 경의 경우처럼 가능한 해결 방안)을 전하는 사람은 바라는 결과를 이끌어 내기 위해 자기 수하에 있는 사람들로부터 먼저 존경을 이끌어 내야만 한다.

조언을 청하라. 그리고 말하지 말라. 말하고, 요구하고, 명령하는 것은 사람들의 의욕을 후퇴시킨다. 그렇게 되면 그들은 최선을 다하지 않고 꼭 해야 할 일만 겨우 마지못해 하게 되는 상황을 초래하게 될 것이다. 결국, 당신이 그들에게 도움이 되어 주지 못했듯이, 그들 역시 당신에게 이렇다 할 도움을 주지 못하게 될 것이다. 청하라, 정중하게. 그러나 명료하게 청하라. 그러면 당신은 자신이 원하는 결과를 손에 넣게 될 것이며, 이제는 누구에게든 어떤 방식으로 말하는 것이 더 나을지 인지하게 되었을 것이다.

이번 섹션에서는 직접적으로 얼굴을 마주하고 커뮤니케이션을 하거나, 혹은 전화상으로 커뮤니케이션 하는 내용을 구체적으로 짚어보게 될 것이다. 물론 나중에는 서면을 통한 커뮤니케이션에 대해서도 자세히 짚어보게 될 것이다. 그럼 이제는 효과적으로 어떤

식의 말을 통해서 가르침, 혹은 교훈을 줘야 할지를 살펴보도록 하
겠다.

　■ 상대방이 예상할 만한 부분에 대해서는 가능하면 약간의 의
구심을 남겨라.
　■ 주어진 일이 왜 필요한지를 설명하라. 그래서 그 일을 수행
하는 사람으로 하여금 누가, 혹은 무엇이 궁극적인 목표 대상인지
를 알게 해야 한다.
　■ 주어진 업무 과제가 정확하게 언제 마무리되어야만 하는지
를 분명히 밝혀라.

　일부 어떤 경우에 있어서는, 주어진 업무를 어떤 방식으로 수
행해야 하는지를 설명할 필요가 있을 것이다. 그러나 반드시 기억
해 둬야 할 것은, 업무를 제대로 수행해 냈을 때 어떤 혜택이 부여
되는지는 빼놓지 않고 얘길 해줘야 하며, 관련 업무 담당자에게 자
신만의 창조력이 더해질 수 있도록 여지를 충분히 만들어 줘야 한
다. 어떤 업무에 대한 권한을 위임할 때에는, 해당 업무 담당자에게
서 그만의 도전의식을 박탈해서는 절대 안 되며, 그 업무가 평범하
고 지루하게 수행되지 않도록 각별히 신경을 써야 할 것이다.
　한편 때에 따라서는 당신에게 도움을 청해올 거라 예상되는 사

람에게 해당 업무를 맡기는 것을 당신이 더 선호할 수가 있다. 이 경우에 있어서, 당신이 업무를 위임하고자 하는 담당자가 업무를 이행하는 과정에서 만에 하나 어떤 실수를 범하게 될 경우 그것에 대해서는 모니터링을 하게 될 거라는 사실을 사전에 확실히 인지시켜야 하며, 반대로 위임한 업무를 성공적으로 잘 수행했을 때에는 그 부분에 대해서 반드시 칭찬과 신용을 아끼지 말아야 한다는 점을 반드시 유념해야 한다.

너무 늦게까지 어떤 실수가 통지되지 않은 채 업무가 그대로 진행되는 상황을 만들지 말라.

피해야 할 커뮤니케이션 방식

무슨 일이 있어도 직장에서 빈정대는 말은 반드시 피해야 한다. 이를테면 한 회의석상에서 끔찍한 경험을 한 어느 한 사람을 한 번 떠올려보자. 그는 회의를 제대로 주재하지 못한 사람이다. 그런데 거기다 대고 "야, 너 정말 회의 한 번 제대로 이끌더라! 굉장하던데!"라고 한 동료가 말한다. 서로 간에 격의 차릴 것 없이 친한 친구들끼리 모인 선술집에서 서로 간에 있을 수 있는 빈정거림이나 조롱은 그다지 큰 문제가 되지 않는다. 그러나 직장에서의 그것은 매우 좋지 않은 커뮤니케이션 방식이다.

커뮤니케이션 방식에서 반드시 피해야 할 또 다른 방식은 상대를 얕보는 듯한 말투로 말하는 것이다. 이런 방식의 커뮤니케이션은 상대방을 무의미하거나 가치가 없는 사람으로 간주하는 것과 다르지 않으며, 상대방의 의지를 저하시킴은 물론 그의 자신감마저도 파괴해 버린다. 다음과 같은 언행은 가급적 피해야 한다.

- '자네는 자질이 안 되니, 그 업무를 제대로 수행하기 어려울 것이라 생각하네.'
- '자네는 이전에 한 번도 그런 일을 해보지 않았기 때문에 자네에게 그 일을 맡길 생각이 없네.'
- '자네는 아직 그 일을 하기에는 충분한 경험이 없다고 생각하네.'

다른 사람에게 무기력감을 느끼게 하지 말라. 그들의 기운을 북돋워줘라. 그러면 그들은 머지않아 당신이 바라는 수준의 궤도에 이르게 될 것이다.

　　상대방에게 자신감을 불어넣어 주는데 보탬이 될 만한 말로, 다음과 같은 예를 들 수 있다.

- ■ '그 일은 자네가 잘할 수 있을 거야.'
- ■ '이 일을 처리할 사람으로는 자네가 가장 적격이라 생각하네.'
- ■ '자네가 이 일을 맡아서 처리해 주면 좋겠네. 자네라면 이 일을 아주 잘 처리할 수 있을 거로 생각하네.'
- ■ '난 자네에게 이 일을 맡아서 처리해 달라고 청할 생각이었네. 난 자네를 믿네.'

주의(힐책)

　　어느 경영자가 한 부하 직원에게 주의를 줄 생각이었다. 그래서 그 경영자는 그 직원을 자기 사무실로 불렀다. 그리고 나중에 한 동료직원이 상사에게 불려갔던 그 직원에게 보스와 무슨 얘기를 나눴느냐고 물었다. 그러자 그는 이렇게 대답했다. '아무것도 모르겠어.' 틀림없이 그 경영자는 제대로 커뮤니케이션을 하지 못한 것이다. 이런 상황을 연출해서는 안 된다. 누군가에게 주의를 줄 때는 똑바로 솔직하게 해야 한다.

■ 절대적으로 솔직하고 정직한 태도로 대해야 한다. 그리고 하고자 하는 말을 또박또박 정확히 해야 한다.

■ 미팅은 전적으로 공개되어서는 안 된다. 미팅은 다른 사람에게 노출되지 않고, 다른 사람들이 들을 수 없는 그런 공간에서 이루어져야 한다. 명심하라. '칭찬의 말은 공개 석상에서, 주의나 문책은 타인에게 노출되지 않는 은폐된 공간에서.'

■ 잘못된 업무 결과나 행위에 대해서는 비판하라. 그것이 지극히 개인적인 차원의 문제가 아니라면 그 경우엔 개별적으로 하지 않고 공개적으로 해도 무방하다.

■ 부족한 결과에 대해, 그것을 어떻게 발전시킬 수 있는지, 그 방법을 담당자에게 제시해 줘라.

■ 대화를 할 때에는 상대방의 눈을 봐라.

■ 궁극적으로 상대방의 사기를 북돋워줘라. 그리고 상대방의 장점들을 재차 강조하라. 그래서 그가 자신감을 유지하도록 하라.

주머니 속 상기노트

■ 교훈이나 훈계를 할 때는 명확하고 구체적으로 하라

■ 다른 사람의 교훈이나 가르침을 따르되, 질문하는 것에 대해서는 두려움을 갖지 말라

■ 직장 내부에서 부서 간의 이해관계는 피하라

■ 상대를 편견 없이 대하라

■ 나쁜 소식을 가지고 온 사람에게 화내지 말라

■ 빈정대거나 조롱 섞인 언행, 그리고 상대를 얕잡아 보는 언행은 삼가라

■ 누군가에게 주의를 주거나 힐책을 할 때에는 제대로 하라

명언

좋은 아이디어를 내는 가장 좋은 방법은 많은 생각을 하는 것이다.

-비츠 앤 피시즈(Bits & Pieces)-

보디랭귀지

흔히 말하기를 귀로 사는 것보다는 눈으로 더 많은 물건을 산다고들 한다.

모든 커뮤니케이션의 70%는 청각적이라기보다는 시각적인 요소가 더 강하게 발휘된다.

능력 있는 커뮤니케이터는 다른 사람이 하는 말에 귀를 기울일 줄을 안다. 그러면서 그들이 무슨 말을 하는지를 두고 그 나름대로 조절하고 관리할 줄도 안다. 뿐만 아니라 다른 사람의 보디랭귀지에 주의를 기울이며, 그것이 무슨 의미를 내포하고 있는지 주시한다. 이것이야말로 커뮤니케이션 과정에서 꼭 필요한 부분이라 할 수 있겠다. 알려져 있기를, 일상적으로 우리는 매일매일 대략 4천 단어를 음성으로 표현하면서 커뮤니케이션을 한다고 한다.

그러고 보면, 보디랭귀지를 정확히 인지하는 것이 좀처럼 쉽지만은 않다는 것은 그리 놀라운 일이 아니다.

그렇다면 앞서 언급된 통계치를 통해서 우리는 무엇을 엿볼 수 있을까? 대다수의 사람은 고작 자기네들이 평소에 습관적으로 쓰는 4천 개 정도의 말과 소리만 알아들을 뿐, 우리의 몸짓에서 나오는 정보와 관련된 75만여 개에 달하는 신호에 대해서는 우리 역시도 제대로 알아차리기 어렵다는 것을 이 자리에서 언급하고자 한다. 그런데 여기서 흥미로운 한 가지 사실은 입을 통해서 발화된 말이 보디랭귀지의 신호와 충돌이 생기게 되면, 보디랭귀지를 통해서 표출되는 신호가 언제나 더 우선시된다는 것이다. 왜냐하면 몸짓에서 나오는 언어가 더욱 자연발생적인 의사 표출의 신호가 되기 때문이다.

해석의 함정

말하는 사람의 자세나 움직임 등에 따라 보디랭귀지에 대한 해석은 여러 가지로 나타난다. 물론 그것은 말하는 사람의 국적, 혹은 그가 처한 문화나 행동 습관에 따라 각양각색으로 나타난다. 이에 대해 일부의 평자(評者)들은 주장하기를, 보디랭귀지는 너무 복잡해서, 특히 다문화 사회에서는 어떤 구체적이고 견고한 가정을 설정하기가 쉽지 않다고들 한다. 이를테면 상대방의 직접적인 시선을 피하면서 말을 하는 사람을 두고 대개 많은 사람들은 그가 거짓말을 하는 것으로 간주하는가 하면, 또 다른 일부의 사람은 그를 지나치게 소심하거나, 때에 따라서는 오만한 사람으로 간주하기도 한다. 그에 반해, 또 어떤 문화권에서는 상대방의 시선을 빤히 바라보는 것은 상대의 권위에 도전하는 행위로 보며 상대의 시선을 피하는 것을 오히려 손윗사람에게 깍듯한 예의를 지키는 행위로 간주하기도 한다. 따라서 직장에서도 역시 상대방에 대한 시선 처리는 때에 따라서 얼마든지 잘못 해석될 수도 있다는 것을 지적하고자 한다.

그러나 어떤 규칙에서나 예외조항은 늘 있는 법. 다만 중요한 것은 한 사람 한 사람에게서 표현되는 보디랭귀지에 대한 당신 자신만의 이해를 구축하는 일일 것이다. 그러니 이 부분에 있어서만큼은 당신 자신만의 인지력 개발의 필요가 뒤따른다.

신호를 읽어라

보다 인간적인 커뮤니케이션은 다른 어떤 방법에 의한 것보다도 몸짓(제스처)이나 몸가짐, 혹은 자세나 태도 등에 의해 자연스럽게 이루어진다고 할 수 있겠다. 그리고 효율적인 커뮤니케이션을 위해서는 보디랭귀지를 조절할 필요가 있을 때가 이따금씩 있다. 이를테면 대부분의 외향적인 성격의 소유자들은 스킨십이 자유로운 편으로, 내향적인 사람들에 비해 커뮤니케이션을 하는 동안 툭툭 친다거나 하는 등 비교적 상대방의 신체 일부를 만지는 것을 좋아한다. 그러나 때에 따라서 이런 경우의 사람이 혹여 내향적인 사람의 신체 일부를 건드리거나 만질 때에는 자칫 상대에게 불쾌감이나 불편함을 초래할 수도 있다. 외향적인 사람으로서는 이런 상황을 이해하는데 다소 어려움은 있을 수 있겠지만, 어쨌든 상대방으로부터 자신의 신체 일부가 닿는 것에 대해 즉각적인 방어태세에 돌입하게 되는 부류의 사람도 적지 않다는 것은 유념해둘 필요가 있다.

따라서 상대방의 성격이 외향적인 사람인지 내향적인 사람인지를 제대로 인지하려는 노력이 필요하다. 그리고 그것을 가장 잘 파악할 수 있는 지수를 하나 언급하자면, 상대방이 앉아 있는 자세를 유심히 관찰하는 것이다. 내향적인 사람일수록 상대방과 마주 앉았을 때 의자를 살짝 뒤로 빼서 앉는 경향이 있으며, 외향적인 사람일수록 상대방과의 거리를 좁히며 의자를 바짝 당겨 앉는 경향이 있다. 다시 말해서 내향적인 사람은 상대방과 거리나 공간을 두는 경향이 있으며, 외향적인 사람은 더욱더 가까이 다가서려는 경향이 있다. 눈으로 경청하는 것이 중요한 이유가 바로 여기에 있다.

보디랭귀지에 관한 몇 가지 흥미로운 요소들

■ 당신의 보디랭귀지는 언제나 누군가에게 메시지를 전한다.

■ 전달되는 그 메시지가 분명하기도 하고 때로는 모호하기도 하지만, 대체로 거기에는 표현하는 이의 정서와 감정이 실린다.

■ 대부분의 사람들은 논리적인 정확도에 따라서 그 메시지를 읽어낼 수 있다.

■ 의식적으로 보디랭귀지에 변화를 줌으로써 당신의 기분상태가 현재 어떻게 바뀌어 가고 있는지를 표현할 수 있다.

■ 평소에 당신이 즐겨 유지하는 몸의 자세는 다른 사람으로 하여금 당신이 어떤 성격의 소유자인지를 알려주는 메시지로 읽힐 수 있다.

위에서 예시한 내용을 참고하여, 당신은 상대방에게 자신이 뭘 더 필요로 하고 있는지, 혹은 어떤 부분에 대해 어느 정도로 내켜 하지 않는지 등에 대한 메시지를 보디랭귀지를 통해 전달할 기회를 얼마든지 이끌어 낼 수가 있다. 상대방에게 표현되는 몸짓 하나하나가 그 정도로 중요한 만큼 당신이 뭔가에 대한 메시지를 전하고 싶다면 더욱 자신의 몸짓 관리에 신경 써야 한다. 그야말로 누군가에게 당신이 어떤 사람이고, 또 무엇을 표현해야 하는지에 대한 구상이 있다면, 그리고 그럴 필요가 있다고 판단된다면 그에게 모델과도 같은 포즈를 지어 보이는 것도 나쁘진 않을 것이다.

보디랭귀지 커뮤니케이션의 상당 부분은 잠재의식에서 나온다. 그렇기 때문에 즉각적으로 표출된다. 하지만 거기엔 보다 효과적인 커뮤니케이션 결과를 가져올 수 있도록 하는, 컨트롤이 가능한 부분도 있다. 그것 중 하나가 바로 당신의 개인적인 외모이다.

흥미롭게도, 복장과 외모는 보디랭귀지에 있어서 강한 영향력을 지닌다. 누군가가 새로운 헤어스타일을 하고 길을 걸어갈 때 이따금씩 그 모습이 평소와 어떻게 달라 보이는지, 혹은 평소와 다른 스타일의 복장을 하고 있을 때 그 복장에 따라서 그 사람의 행동거지가 어떻게 다른지 그 차이를 감지해 본 적이 있는가?

당신은 어떻게 옷을 입는가? 당신은 어떤 주얼리를 착용하는가? 당신은 어떤 헤어스타일을 하고 있는가? 이 모든 것들은 당신이 어떤 사람일 거라고 남들이 판단하는데 보여지는 결정적인 단서가 되는 요소들이다. 물론 관찰자의 생각이나 판단이 절대적으로 옳다고는 볼 수 없다. 그러나 그럼에도 불구하고 관찰자의 눈에 띈 정보요소가 그 상대방에 대한 입장이나 견해와 무관하다고 떨쳐버리기는 쉬운 일이 아니다. '책 표지로 그 책의 내용을 판단하지 말라' 라는 표현은 일정부분에 있어서는 사실이다. 그러나 동시에 우리가 기억해 둬야 할 것은 제대로 된 책 표지는 출판시장에서 그 책의 판매를 촉진할 중요한 요소가 된다는 사실이다. 일차적으로 독자들의 시선을 어느 한 권의 책으로 이끌게 하는 첫 번째 요인이 바로 그 책의 표지이기 때문이다. 반대로, 이와 관련하여 우리가 또한 반드시 유념해 뒀으면 하는 말이 하나 있다. 찰스 디킨즈는 "책 표지와 그 내용이 서로 훌륭한 조화를 이루고 있는 책이 있다. 그것이 가장 훌륭한 책이다"라는 말을 했다.

당신이 현재 가지고 있는 일자리를 위해서라기보다도, 당신이 앞으로 바라는 바를 위해서라도 '옷을 어떻게 차려입어야 하는가.' 하는 문제는 중요하다. 비즈니스에 있어서, 이를테면 어떤 상품을 프레젠테이션 한다거나, 혹은 고객을 위한 서비스 업무를 담당하는 일을 할 경우, 각각의 업무 이미지에 어울리는 복장은 가히 필수적이다. 그래서 이와 관계된 예를 하나 들고자 한다. 일전에 나는 은행에서 근무한 적이 있다. 거기서 나는 탁월한 재능과 열정을 지닌 한 동료 선배를 알게 되었다. 그런데 그 사람의 옷차림새는 그의 이력과는 전혀 딴판으로 가히 퇴보적이라 할만 했다. 그는 언제나 추레함의 결정판처럼 보였다. 깡총하니 잘 맞지 않는 옷에, 끔찍할 정도로 서로 조화를 이루지 못하는 옷의 색상, 불행해 보인다 싶을 정

도의 구두. 급변하는 진취적인 비즈니스 풍토에서 그의 윗선에서는
더 이상 그를 진급대상자의 명단에 올릴 수가 없었다. 바로 그의 외
모에서 풍기는 결격사유 때문이다. 올바른 외모 차림새가 당신이
이사회에 들어가는 데 있어서 반드시 갖춰야 할 필수조건은 물론
아니다. 그러나 바르지 못한 외모 차림새는 당신이 아예 거기에 들
어가지 못하도록 할 수도 있다는 사실만큼은 분명하다.

흔히 말하듯, 옷을 어떻게 차려입건 그것은 어디까지나 그 당
사자의 권리이다. 나도 그 부분에 있어서 이견은 없다. 그러나 직장
에서 피고용자는 고용자의 비즈니스 문화에 따라야만 한다. 그럴
때 고객들도 그 피고용인들의 외양을 보고 그 회사를 쉽게 판단할
수 있거나 그렇게 될 것이다.

몸짓(Sign)언어

효과적인 커뮤니케이션을 위해서는 얼굴 표정과 외양에 대해
서 읽고 해석하는 방법에 대한 최소한의 이해는 필수적이다. 어느
한 사람이 언제 의기소침해 하고, 언제 걱정을 하고, 언제 스트레스
를 받으며, 또 언제 자신감을 잃게 되는지 당신은 알 수 있는가? 그

리고 언제 문제에 봉착하거나, 혹은 언제 그 문제에 효과적인 대응을 하게 되는지를 알 수 있는가? 한 사람의 문제를 찾아내기 위한 필요한 단계를 취할 수 있는 기회를 당신에게 주게 될 신호를 당신은 상대방의 보디랭귀지에서 잡아낼 수 있어야만 한다. 한 사람의 외모, 이를테면 그의 체중이 줄고 있는지, 늘고 있는지, 그리고 걸음걸이는 어떤지 등과 같은 데서 나타나는 몸짓언어(신호)를 잡아내야 한다.

또한 누구이던지 간에 그가 전체의 진실을 나타내지 않을 수도 있다는 것을 암시하고 있는 지표(indicator)에 대해서도 의식하고 있어야 한다. 비교적 우리가 흔히 볼 수 있는 아주 간단한 예를 보자. 상대방의 어떤 질문에 상대방의 눈을 똑바로 바라보지 못하고 시계를 만지작거리거나, 목을 긁적거리거나, 코를 비비면서 대답하는 사람들이 있다. 누군가가 대화 중 일상적인 몸짓을 나타내 보이지 않는다면, 그는 어떤 이슈를 피하려고 한다거나, 혹은 모든 진실을 있는 그대로 표현하지 않으려 한다는 가능성이 있다고 봐야 할 것이다.

당신이 어떤 사람들을 상대로 말을 하고 있을 때에는 상대방의 보디랭귀지에서 나오는 신호를 눈여겨보라. 당신이 하는 말에 지루해하며 관심을 보이지 않는다면 그들의 몸짓이 당신에게 그 신호를 보낼 것이다. 그들은 쉬지 않고 끊임없이 자세를 바꾸고, 옷매무새를 매만지거나 출입문 쪽으로 시선을 던지면서 계속해서 실내 주변 여기저기를 둘러볼 것이다. 그러나 그와 반대로, 그들이 당신에게서 더 많은 애길 듣고 싶어 한다면, 그리고 당신이 세일즈하려는 물건을 사고 싶어 한다면 그에 대한 신호 역시 그들의 몸짓에서 여지없이 읽히게 될 것이다. 그들은 의자를 바짝 끌어당겨 앉아서 테이블 맞은편에 앉아 있는 당신이 있는 쪽으로 상체를 기울이고 당신의 두 눈을 똑바로 주시하면서 당신이 하는 말에 집중하게 될 것이다.

사람의 잠재의식은 행동으로 표출된다. 그렇기에 당신 자신이 품고 있는 사고는 당신의 표정에 영향을 주어 어떤 모습으로든 당신의 얼굴에 나타나게 된다. 그뿐 아니라 어떤 때에는 당신의 온몸을 통해서 당신의 사고가 발현될 수도 있다. 당신이 어떤 상황에 대해서, 혹은 누군가에 대해서 부정적인 사고를 품고 있다면, 그런 당신의 사고들은 당신의 얼굴 표정에 나타나게 될 것이다. 물론 당신은 의식적인 마인드를 통해 자신의 사고나 표정을 컨트롤할 수는 있다. 커뮤니케이션의 달인들은 대부분 미소 짓는 표정 속에 자신의 감정을 의식적으로 숨길 줄을 안다. 미소는 찡그린 표정에 비해 그 친화력이 훨씬 강하다. 그리고 웃는 얼굴에 침 못 뱉는다고, 미소 짓고 있는 사람에게 까칠한 말을 하기란 사실 쉬운 일이 아니다. 사실, 얼굴을 찌푸리는 것보다 미소를 지을 때 우리의 얼굴 근육도 편안하다. 그것은 우리가 인상을 찌푸릴 때 얼굴 근육이 더 많이 동원되기 때문이다.

지금까지 보디랭귀지에 대해서 비교적 자세히 살펴보았다. 그러나 끝으로 다시 한번 이 장(章)의 핵심적인 요소들을 다음과 같이 정리해 본다.

 **주머니 속 상기노트**

- 상대방의 말에 귀를 기울일 때에는 당신의 눈도 동원하라
- 첫인상이 가장 중요하다
- 당신 스스로가 되고자 바라는 사람의 복장을 입어라
- 당신 스스로 자신의 보디랭귀지와 얼굴 표정을 관리하라

명언

'생각하기(Thinking)'는 가장 힘든 일이다. 많은 사람들이 그리하지 못하는 것도 그것이 쉽지 않은 일이기 때문이다.

−헨리 포드−

서면 커뮤니케이션

서면을 통한 모든 커뮤니케이션에는 한 가지 간단한 기본적 원칙이 있다.

서면을 통해 커뮤니케이션을 할 때에는 상대방에게 자신을 이해시키기 위한 글을 쓰지 말고 상대방에게 오해받을 가능성이 없도록 글을 써야 한다.

글로 표현된 말은 음성으로 표현된 말보다 더 큰 힘을 지닌다.

서면상의 커뮤니케이션은 그 내용이 수차례에 걸쳐 읽히고 또 읽힐 수 있기에 지속효과가 길다. 서면 커뮤니케이션은 즐거움을 다시 불러올 수도 있으며, 쓰라림도 다시 불러올 수가 있다. 한때 컨설턴트로 일하면서 나는 글로 표현된 말이 다른 유형의 커뮤니케이션 수단보다도 비교적 더욱 많은 문제를 일으키는 원인이 된다는 것을 자주 체험한 바 있다. 서면으로 진행된 커뮤니케이션에 모호한 구석이 있다면, 거기엔 언제든 부정적으로 읽히게 될 소지가 있다.

한편 문자에 의한 커뮤니케이션이 가까운 과거 한때 괄목할 정도로 그 수가 급격히 줄어들었다가 이메일이 일상화되면서 다시 급증세를 보이고 있다. 그러면서 이메일을 쓸 때, 정확한 철자와 제대로 된 작문법이 요구된다. 게다가 요즘에는 카피 역시 점차 질적으로 높은 수준을 보이고 있다. 따라서 제대로 된 서면 커뮤니케이션의 중요성은 여전히 부동의 위치를 점하고 있다.

원칙

그러면 이제 서로 간에 효과적인 비즈니스를 위해서는 어떤 서면 커뮤니케이션 원칙이 필요한지를 살피면서 본 장을 시작해보도록 하겠다.

짧게 써라

누구에게든 시간은 그 사람의 경쟁력으로 이어진다. 자신이 쓴 글이 다른 사람에게 읽히거나, 혹은 누군가에게 어떤 영향을 주게 되기를 바란다면 짧게 써라. 대부분의 사람은 직장에서 메일을 열면서 가장 먼저 관심을 끄는 봉투의 뚜껑을 열어본다. 그리고 봉투를 들고서 제일 먼저 그 편지가 누구한테서 온 것인지를 일별하며, 글 말미에 추신이 있다면 그것까지 재빨리 읽어볼 것이다. 그런데 그 편지글의 길이가 짧다면, 사람들은 즉시 그 글을 찬찬히 읽어볼 것이다. 하지만 길게 쓰인 편지라면 아마 그것은 여러 편지 파일의 맨 밑으로 들어가는 신세가 될 것이다.

물론 여기에도 예외가 없는 것은 아니다. 조사된 바로는 소비자들에게 직접 우송되는 광고인쇄물 같은 경우, 때에 따라서는 성격상 자세한 정보를 전달하기 위해 긴 내용의 글이 더욱 효과를 발휘하기도 한다는 보고가 있다. 중요한 정보를 구체적으로 설명하여야 하는 상황에서 내용을 간략하게 전달한다고 중요한 내용을 여기 저기 쳐내고 나면 소비자들의 이해를 구하기가 오히려 어려워지기 때문이라는 것이다. 그러나 일반적인 비즈니스 레터의 경우에 있어서는 두세 문단 정도의 길이가 효과적이며, 한 문단의 길이도 3-4줄 정도가 적합하다. 그 정도 돼야 메일을 받아 읽는 사람이 단숨에 처음부터 끝까지 한 호흡으로 읽을 수 있기 때문이다.

내가 알고 있기로, 현전하는 기록으로 가장 짧은 내용의 편지를 주고받은 경우는 〈노트르담의 꼽추〉가 막 출간되고 난 후 빅토르 위고와 그 작품의 출판인 간에 오고 간 편지가 아닌가 싶다. 그들이 주고받은 내용을 여기에 간단히 소개해 본다.

친애하는 폴에게,

?

빅토르

> 친애하는 빅토르에게,
>
> !
>
> 폴

주의 끌기

당신의 편지가 강한 인상과 함께 수신자의 관심을 끌게 하기 위해서는, 그리고 그에게 읽히게 하기 위해서는 첫 문장이 대단히 중요하다.

편지의 첫 문장은 반드시 읽는 이의 관심을 사로잡아야 하며, 끝까지 계속 읽어나갈 수 있도록 하는 강한 끌림을 제공해줘야 한다.

　　광고업계에서의 캐치프레이즈는 사람의 시선을 끄는 것이며, 신문업계에서의 캐치프레이즈는 헤드라인이다. 편지의 첫 문장은 읽는 이에게 직접 전달될 수 있는 요소를 갖춰야 하며 반드시 그의 관심을 끌어내야만 한다.

　　귀하의 동료인 조운즈 씨로부터 소개를 받고 연락드립니다.

　　여기 몇 가지 좋은 소식이 있습니다!

　　귀하께 글을 쓰게 되는 기회를 얻게 되어 대단히 기쁘게 생각합니다.

　　지난주에 만나 뵙게 되어 대단히 즐거웠습니다.

　　귀하께서 그 점에 대해 인지하고 계신지 모르겠지만…….

　　편지 내용의 대부분이 수신자와 직접적인 관련이 있는 내용이어야 한다. 편지를 받아보는 사람은 당신에 대해서, 당신의 회사에 대해서, 그리고 당신 회사의 상품이나 서비스에 대해서 전혀 관심이 없을 수도 있기 때문이다.

수많은 편지들이 어떻게 보면 우스꽝스럽다고까지 할 수 있을 만큼 각양각색의 고전적인 문구로 시작된다. 아마 이런 문구가 그와 같은 유형의 대표적인 예가 될 수 있지 않을까 싶다. '우리는 자랑스럽게 생각합니다…….' 이런 형식의 평범하면서도 상투적인 문구는 또 이렇게 이어진다. '…… 우리의 서비스, 우리 상품의 질, 그리고 그것에 대한 명성 등등에 대해서 말입니다.' 이런 문구에 대한 반응은 '오, 정말입니까? 정말 관심이 가네요. 결국 여러분은 자긍심을 느끼고 있는 분들과 모두 함께 어우러져 앉아 있군요. 그러나 정작 여러분의 고객들은 어떻게 생각하고 있을까요?'

'우리는 자랑스럽게 생각합니다…….', '[가장 큰/ 가장 작은/ 가장 성공적인, 등등의]와 같은 표현의 말들을 쓰는 우리'는 모두 '그래서 뭘 어쨌다는 거야?' 식으로 분류될 수가 있다. 그런 표현들은 편지를 받아보는 수신자의 입장에서 보면 그다지 어떤 특별한 의미로 다가오질 않는다. 어떤 뾰족한 뭔가를 제공해주지 못한다는 얘기이다.

서면을 통한 커뮤니케이션은 어떤 형태로든 간에 반드시 명징성을 지녀야 한다.

글로 쓸 때에는 있는 그대로, 그것이 어떤 상황인지를 말하라. 글 내용 중 모호성이 있어서는 절대 안 된다. 유려하고 아름다운 단어나 문구는 피하라. 다음 내용을 꼭 유념하라.

- 글은 가급적 짧게 써라.
- 방언이나 사투리는 쓰지 말고, 표준 일상어를 써라.
- 모양내려는 글은 피하고, 있는 그대로 솔직담백하게 써라.
- 불필요한 장황한 문장은 피하라.

당신의 생각을 합리적이고 이성적인 논조로 평상시 말하듯이 자연스럽게 쓰려고 노력하라. 비즈니스 레터와 보고서와 같은 형식을 통한 커뮤니케이션은 반드시 형식을 갖추어야 한다. 그에 반해 각자의 본질적인 메모는 좀 편하게 이완된 문체로 써도 무방하다.

부정적인 글쓰기는 피하라

커뮤니케이션의 황금률 중 하나는 '절대 부정적인 글쓰기를 해서는 안 된다' 이다.

글의 주제가 누군가의 행위와 관련된 것이라면, 편지든, 팩스든, 사내 메모든, 혹은 이메일이든, 어떤 주의나 경고, 또는 기타 등등의 다른 어떤 방식이든지 간에 부정적 글쓰기 형식은 가급적 피해야 한다. 그런 형식의 글은 당사자의 최초 의도와는 관계없이 언제든지 비판, 비난, 불평 등의 요소로 해석될 수 있기 때문이다. 한마디로 말해서 그런 형식의 글은 부정적인 성격을 띠고 있다는 것이다. 이 규칙에는 두 가지 예외가 있다. 이 부분에 대해서는 나중에 자세히 다루게 되겠지만, 우선 먼저, 부정적인 글쓰기를 해서는 안 된다는 게 왜 그토록 중요한지에 대해서 살펴보도록 하겠다.

어느 세일즈 매니저가 자기 직원에게 기대에 못 미치는 세일즈 성과, 세일즈에 대한 접근 방식, 그가 구성하고 있는 조직체계, 그리고 그의 세일즈 플랜 등에 대해서는 물론이고, 그가 보이는 개인적인 행동에 대해서까지 일일이 조목조목 나열하며 비판하는 글을 썼다. 그 직원인 세일즈맨은 예정된 세일즈 활동을 하러 사무실을 나서기 직전에 그 편지를 받아 읽었다.

당신은 그 편지에 대한 그의 반응이 어떻게 나타날 거라 생각하는가? 세일즈맨이 그 편지로부터 동기부여를 얻지는 못할 거라 생각한다면 당신의 생각은 옳다고 봐야 할 것이다. 사실 그는 상사가 자신에게 실망스런 의사표현을 한 시점에 대해 우선 당혹스러움을 감출 수가 없었다. 상사가 자기에게 쓴 글의 내용이 설사 합당한 지적이라손 치더라도 그 시점은 적절치 않았다는 것이 세일즈맨의 생각이었다.

세일즈맨은 즉시 그 상황에 제대로 대처를 해야만 한다고 생각했다. 자신의 수행이 정당했다는 사실에 대해 제대로 항변하고 싶었다. 그래서 그는 그날 첫 일과로 밖에서 만나기로 한 사람에게 구실을 대고 약속을 미룬 다음, 상사에게 전화를 걸어 통화를 해야겠다는 생각에, 일단 그가 출근하는 시각인 오전 9시까지 기다렸다. 그리고 시간이 되자 곧바로 그는 상사가 근무하는 사무실로 전화를 걸었다. 그러나 세일즈맨이 듣게 된 것은, 그 상사가 출장관계로 이틀 동안 사무실을 비운다는 것이었다. 그제야 그는 부랴부랴 사무실을 나서보았으나 첫 번째 일정으로 예정된 방문 장소에는 시간을 맞추지 못해 늦고 말았다. 허탕을 친 그는 남게 된 시간 동안 커피를 사서 마셨다. 그런 다음 두 번째 세일즈 장소를 방문하였다. 그러나 이번에는 아무런 세일즈 성과를 올리지 못했다. 그리고 나서 그는 점심시간이 되어 점심을 사 먹었다.

이런 틀에 박힌 일상은 그 뒤 이틀 동안이나 계속되었다. 세일즈 성과도 없었고, 활동도 부진했고, 오로지 부정적인 사고만이 그의 머리를 잔뜩 채우고 있었다. 이것은 그의 매니저가 그에게 바라고 기대했던 반응이 분명 아니었다. 매니저는 자기가 보낸 편지를 받은 부하직원의 반응이 그토록 부정적인 결과를 불러일으킬 것이라곤 전혀 생각하지 못했던 것이다. 그 편지를 보낸 매니저의 목적은 그의 행동을 변화시켜 업무수행 성과를 높이기 위함이었다. 그러나 실제로는 그의 의도와는 전혀 판이한 결과를 가져오게 된 것이다. 완전한 실패였다.

일단 누군가에게 어떤 사안이나 현상에 대해 프레젠테이션 할 기회를 줬다면 앞으로 그가 진행하는 방식에 대해서는 동의할 줄 알아야 한다. 그리고 더욱 중요한 것은 상대방의 얼굴을 마주하고 앉은 미팅석상에서 당신은 긍정적인 결과를 이끌어 내기 위해 상대방이 자신의 사고나 활동에 어떤 변화를 줘야 하는지에 대한 건설적인 어드바이스를 해 줄 수 있어야 한다.

내가 맨 처음으로 의뢰받았던 컨설팅은 어느 중진 관리자 문제로 골머리를 앓는 한 회사로부터 있었다. 상황을 종합해 본 결과 문제는 얼굴을 서로 대면하고 진행하는 회의에서 드러나는 바로 그 중진 관리자에게 기인하고 있는 것으로 확인됐다. 그는 구두를 통한 커뮤니케이션을 할 수가 없었던 것이다. 회사직원 전체가 모인 좌중은 고사하고서라도, 한 부서회의에서조차 그는 제대로 말을 하지 못하는 사람이었다. 상황이 그렇다 보니 그는 그간 서면을 통해 자신이 하고자 하는 말을 전하는 방식에 의존했던 것이다. 그러던 중 일이 터진 것은, 향후 1년간 급여 인상은 없다는 선언을 담은 내용의 글을 그가 게시하면서부터였다. 문제는 그 부분에 대해서 사전에 공개적으로 직원들과 단 한 차례의 논의도 없었던 데에 있었다. 그는 자신의 처리방식에 강경한 태도였으며, 전혀 그것에 변화를 줘야겠다는 생각조차 없는 인물이었다. 나는 그의 그런 사고방식이 유효기간 지난 상품처럼 아무짝에도 쓸모없다는 사실을 수뇌부 경영진에 조언할 수밖에 없었다.

그럼 이번엔 서면 커뮤니케이션이 지닐 수 있는 부정적인 측면에서 예외적인 부분을 한 번 지적해 보고자 한다. 만일 당신이 관리자로서 어느 한 개인의 행동을 바로 잡아야 했다던가, 혹은 그 부분에 대해 비판을 해야 했다면, 될 수 있으면 그에게 편지와 같은 개인적 친밀감을 느낄 수 있는 글을 통해 그 뒤를 수습하도록 하라.

직접적인 대면방식을 통해 부하직원의 잘못된 행동이나 처신에 대해 지적을 한 다음, 글을 통해 다시 한 번 그에게 자신이 말한 요지를 언급해준다면 당신은 어느 한 사안에 대해 두 번의 진지한 논의를 거친 효과를 거두게 될 것이다.

또 다른 예외는 누군가가 해고의 위협을 느끼고 있을 때이다. 그럴 때 당신은 서면상으로, 법적인 근거에 준하여 그에게 자신, 혹은 회사의 입장을 전해야만 한다.

전송하기 전에 다시 한 번 읽어봐라

당신이 커뮤니케이션을 하고자 글로 작성한 내용을 당사자에게 발송하기 전에 그것을 한 번 더 읽어보고, 만일 당신이 누군가로부터 그런 내용의 글을 받았을 때 어떤 반응을 보이게 될지에 대해서 먼저 스스로 자문해 보도록 하라.

글로 작성된 커뮤니케이션 내용은 발송하기 전에 항상 다시 한 번 읽어보도록 하라.

이런 내용은 이메일을 발송할 때에도 해당된다. 사실 이메일의 경우, 바람직하지 않은 표현의 커뮤니케이션 글 내용은 특정한 어느 개인에게 보내는 편지에서 예상할 수 있는 것보다 훨씬 더 좋지 않는 결과를 가져올 수도 있다. 이를테면 한 통의 편지는 그저 개인 한 사람에게 읽히는 것이 일반적인 데 반해, 이메일은 셀 수 없이 많은 불특정 다수에 의해 읽혀질 수도 있기 때문이다.

키워드를 사용하라

평상시 우리가 어떤 글을 읽을 때 보면 유독 강력한 파워를 발휘하는 단어, 다시 말해서 키워드가 되는 단어들이 있다. 이런 단어들은 읽는 이로 하여금 즐거움의 정도를 한층 고조시킴은 물론, 글 쓴이와 그가 쓴 글을 읽는 사람과의 관계를 구축시키고 두 사람 간의 사이를 더욱 가깝게 해주는 역할을 하게 된다. 그런데 이런 단어들이 과소평가되는 경우가 종종 있다. 이를테면 '당신', '당신의', 그리고 '당신의 것'과 같은 표현의 단어들이다. 물론 읽는 사람은 당연히 그 단어들을 '나', '나의', 그리고 '나의 것'으로 읽는다. 그러나 중요한 것은 이들이 무척 요긴하게 사용되는 단어들이란 사실이다. 이런 단어들을 사용하다 보면 전하고자 하는 메시지가 상대방에게 잘 어필할 수 있도록 당신의 의견이나 생각에 보다 더 집중을 하게 된다는 것이다. 결국 이런 단어들의 사용은 자신의 생각만을 너무 지나칠 정도로 장황하게 늘어놓는 것을 컨트롤하는 역할까지 하게 된다.

추신(PS)은 형식적인 목적으로, 이를테면 단순히 추가된 어떤 내용을 전달하기 위한 목적으로 사용한다고만 생각해서는 안 된다. 그 추신의 내용이 편지의 본(本) 내용을 더욱 돋보이게 할 수 있으며, 상대방의 관심을 더욱 끌어당기게 할 수도 있다.

언제 쓸 것인가

어떤 사람은 지나칠 정도로 글을 길게 써서 그것을 읽는 상대방의 많은 시간을 허비시킨다. 꼭 필요하다 생각되는 내용만 써라. 그러나 지금까지 누차에 걸쳐 얘기를 해왔듯이 늘 잊지 말아야 할 것이 하나 있다. 칭찬이나 축하의 말이 담긴 편지는 자주 하라. 상대방이 크게 감사해 할 것이다.

그다지 연락할 필요가 없다고 생각하는 그 누군가에게 가장 최근에 편지나 이메일을 통해 축하의 말을 써서 보낸 것이 언제인가? 아마 했다면 승진을 했다거나, 혹은 어느 조직이나 단체에서 어떤 혁혁한 성과를 올렸다거나 감사패 등을 받은 사람에게 했을 것이다. 이런 경우엔 글을 통한 의사 전달이 자신의 의사를 표현하는데 있어서는 가장 적격이다.

긍정적이어야 한다

문자로 커뮤니케이션을 할 때에는 반드시 긍정적인 자세를 견지하도록 하라. 그럼 여기서, 상대방을 처음 만나 어떤 식으로 긍정적인 커뮤니케이션을 이끌어 가는지를 두 가지 예를 통해 살펴보도록 하자.

어느 고객이 표지에 자사의 이름이 인쇄된 작은 책자를 1천 부

주문했다. 6주 후, 그 고객은 자기가 주문한 책자가 약속된 시점까지 배송되지 않은 것과 관련하여 자신의 의견이 담긴 내용의 글을 썼다. 주문을 취소하겠다는 내용이었다. 그런데 며칠 지난 뒤에 보니 주문했던 그 책들은 이미 발송이 됐던 것이다. 그러나 이미 시기가 너무 늦어서 그 책자를 활용할 수 없게 되었기에, 그 같은 내용의 의사를 다시 전했다. 그러면서 그 책자들을 다시 반송시킬 수 없겠느냐고 상대방에게 의사를 물었다. 그에 대한 상대방의 답변이다.

귀사에서 주문하셨던 책자가 제대로 도착하였다는 소식을 듣게 되어 기쁘게 생각합니다. 그러나 안타깝지만 저희로서는 귀하께서 제안하신 의견을 전적으로 수용할 수 없다는 입장을 분명히 말씀드립니다. 이미 인쇄된 책자가 반송되어 오더라도 그것이 저희에게는 아무런 가치가 없기 때문입니다.

해당 물품에 대한 청구서 일련번호는 B636입니다. 처리해 주시기 바랍니다. 해당 청구서 사본을 한 부 첨부하여 드립니다.

귀하께 더 이상 큰 도움이 되어드리지 못하게 된 점 대단히 유감스럽게 생각합니다.

이 편지를 쓴 사람은 나름대로 성의껏 쓰려는 노력을 다했던 것으로 보인다. 그러나 효과적인 커뮤니케이션을 했다고는 보이지 않는다. 이 편지 내용은 긍정적이라기보다는 오히려 부정적인 분위기를 풍긴다. 만일 어떤 고객이 뭔가를 진실로 간절히 원할 땐 너무 노골적으로 '아니요'라고 답하는 것은 피하도록 하고, 대신 거부 의사를 밝히더라도 상대방에게 보다 정중한 어조로 자신의 의사를 표하도록 하라. 앞선 유형의 답변보다는 다음과 같은 표현이 어떨까 한다.

　　귀사에서 주문하셨던 책자가 제 일정에 도착하긴 했으나 창고 내에서의 보관위치상에 문제가 있었다는 소식을 듣고 심히 안타까운 마음 금할 길이 없습니다. 바램 같아서는 그 모든 물품을 반품 조치 하거나, 혹은 저희 측에서 그 물품들을 다른 어떤 방식으로든 소화를 해 드렸으면 하는 마음 간절하나 불행하게도 해당 물품에 이미 귀사의 이름이 새겨져 있는 관계로 그마저도 어려운 실정입니다.

　　이번엔 시기를 놓쳐서 못쓰게 되셨지만 내년에 또 똑같은 방향의 홍보계획이 있으시다면 그때 그 물품을 쓰셔도 되지 않을까 합니다…… 책자에 실린 내용으로 보건대 사용시점이 문제 될 것은 없어 보이기에 이런 의견을 드려봅니다. 지금 보더라도 그 책자에 소개된 내용이 훌륭한 관계로, 내년, 혹은 그 후에 언제 쓰시더라도 변함없이 훌륭할 거라는 제 소견을 부족하나마 드리는 바입니다.

어쨌든 결과적으로 이번 문제와 관련하여 귀사에 큰 도움이 되어드리지 못하게 된 점 대단히 유감스럽게 생각합니다.

'어떤 권리나 자격이 있다' 던가, 혹은 '어떤 것을 할 수가 없다' 라는 식의 표현의 말을 고객들에게 말하는 것보다는 같은 말이더라도 긍정적으로 말하려고 노력하라.

부정적 표현: 인쇄비용이 꽤나 높게 나온 관계로 저희도 별다른 뾰족한 대안은 없는 상황입니다. 다만 청구가격을 좀 낮게 적용하여 부수 당 2.5파운드에 드릴까 합니다.

긍정적 표현: 인쇄비용이 좀 높게 나오긴 했지만 부수 당 2.5파운드라는 아주 좋은 가격으로 드릴 수 있습니다.

부정적 표현: 죄송스럽지만, 이미 인쇄물 개정보완작업 과정이 진행되고 있는 상황인지라 저희는 홍보용 인쇄물 제공과 관련하여 당신의 요청을 받아들일 수가 없습니다.

긍정적 표현: 인쇄물 개정보완작업이 현재 진행과정에 있습니다. 일단 최신판 인쇄물이 출력돼 나오는 대로 지체 없이 보실 수 있도록 그것을 보내드리도록 하겠습니다.

글쓰기 스타일

글을 쓸 때, 우리는 왜 말하는 방식과 다르게 쓰는 것일까? 최근에 받은 전자메일이나 편지가 있다면 한 번 살펴보라. 그 글 속에서 당신은 전화상으로, 혹은 직접 얼굴을 마주 보고서 당신에게 말하던 그때 그 어조와는 전반적으로 다른 분위기를 느끼게 될 것이다.

공공부문에 종사하는 사람들이 아마도 커뮤니케이션을 하는 사람 중에는 최악의 부류일 것으로 생각된다. 이들은 우리 대다수가 평상시에 쓰는 말과는 다른 말을 쓰는 것 같다. 어디 그뿐인가. 커뮤니케이션 할 때 그들이 서면상에서 구사하는 말도 예외일 수 없다. 아니, 어떤 때는 그들의 문서를 읽다 보면 정말 질릴 정도다. 미루어 짐작건대 아마 당신도 이따금 우연히 그런 경험을 했을 줄로 안다. 소위 '정부는 말한다' 라는 내용과 관련된 책자가 적지 않다. 그럼 그중에서 특히나 사람 질리게 할 정도로 지루하고 따분한 표현 문구 몇 가지를 예로 들어보고자 한다.

앞서 언급한 상황에서 보는 바와 같이……

이것에 첨부하여……

당신이 손수 작성한 15일 자 문서에 따르면……

제게 친절을 베푸시어 그것을 보내주시면 감읍하겠나이다.

당신이 보내주신 수표 액면가는 150파운드입니다.

……를 오늘 받았습니다.

상황이 허락하는 범위 내에서 가능한 한 빨리

이즈음에서 우리는 위에서 열거한 표현 방식들을 어떻게 개선하면 좋을지에 대해 한 번쯤 생각해 봐야 하지 않나 싶다.

한편 어떤 대상에게 글을 쓸 때, 글을 여는 첫 표현을 어떻게 할 것인가에 대해 논의의 여지가 될 만한 것이 또 하나 있다. 누군가에게 '친애하는(Dear)……에게'라고 표현하는 것이 꼭 옳은 것인가? 때 지나도 한참 지난 케케묵은 표현 습관 아닌가? 바꿔 말하자면, 이제는 '친애하는……에게'와 같은 단어로 이야기를 열어가는 것은 그만하면 어떨까 하는 제안을 지금 하고 싶다. 그것은 다음과 같은 표현으로 대체해도 괜찮지 않을까.

안녕(Hello) 폴리
리처드, ……에 대해 정말 감사하게 생각해.
안녕, 좋은 아침이야, 아서.

이메일은 분명 가장 위대한 발명 중 하나이다. 그러나 동시에 이메일은 세상에서 가장 시간을 잡아먹는 괴물이기도 하다. 그러다 보니 이 이메일에 얽힌 얘기 또한 무궁무진하다. 특히 하루에 수백 통에 달하는 메일을 받는다는 사람들에 대한 얘기를 들어보면 그야말로 가관이다. 어떤 사람이 일주일간의 휴가를 마치고 돌아와 메일 박스를 열었다고 한다. 그리고 메일 하나하나를 확인하며 쌓인 메일을 정리하는 데 무려 20여 시간이 소요됐다고 한다. 아마도 그 중에 중요한 메일이라고는 고작 한두 통 정도에 불과했을 것이다. 상황이 이렇다 보니 이젠 메일 관리에 신경을 쓰지 않을 수 없게 됐다. 그래서 여기에 효율적인 이메일 관리에 대한 몇 가지 조언을 소개하고자 한다.

■ 누군가에게 당신의 개인 이메일 주소를 건넬 때에는 나름대로 신경을 쓰도록 하라.

■ 이메일은 매니지먼트 툴이 아니다.

■ 대화는 더 나누고 메일은 덜 쓰도록 하라. 일부 어떤 조직을 보면, 앞뒤에 서로 앉은 사람끼리도 이메일을 주고받는다.

■ 당신에게 책임 권한이 있다면, 이메일 주소 목록은 이름순보다는 직함순으로 정리하라.

■ 이메일은 커뮤니케이션을 하는 데 있어서 위험형식의 요소를 지니고 있다. 이미 말한 바 있거니와, 문자로 쓰인 단어는 쉽게 잘못 이해되거나 해석될 여지가 있다. 이 점에 각별히 유의하여야 한다.

나는 엄선된 소수의 사람에게만 내 개인적인 이메일 주소를 건넨다. 그래서 그런지 다행히도 나는 하루에 고작 10여 통 정도의 이메일만을 받는다. 그리고 그것들 대부분이 내가 기다리는 이메일들이다. 그렇다고 해서 내가 내 독자나 의뢰인들로부터 메일 받는 것을 꺼린다는 의미는 아니다. 당연히 이들로부터의 것도 내가 기다리는 메일들이다. 중요한 것은, 그야말로 내겐 정말 다행스런 일이 아닐 수 없는데, 하루에 그 정도의 메일을 받기 때문에 나는 내게 메일을 보내온 사람들에게 일일이 친절한 메일로 답신해 줄 수 있다는 사실이다. 따라서 다시 한 번 권하건대, 앞으로는 메일 관리를 보다 효율적으로 하려고 노력하라는 것이다. 시간을 절약하고 헛되이 보낼 수 있는 시간을 줄일 수 있기 때문이다.

연락하기

　자, 이제는 글로써 사람들에게 연락을 하게 되는 특별한 기회들에 대해서 한 번 살펴보고자 한다.

　우선 크리스마스카드에 대한 얘기부터. 어떤 카드를 보면 개인적인 친밀감이 전혀 들지 않는다. 예컨대 회사 이름이나 로고가 새겨진 카드가 그렇다. 그리고 사람이 직접 손으로 서명하지 않고 그 서명이 아예 인쇄되어 나온 카드도 그렇다. 어디 그뿐이랴. 한 장의 카드에 12명의 서로 다른 사람들이 서명한 회사 카드도 예외는 아니다. 한 번 생각해 보자. 그 카드에 서명한 사람 12명 중 몇 명이 그 카드를 받게 될 사람과 개인적으로나 업무상으로나 직접적으로 연관이 있을까. 대부분의 사람들이 가치 있고 소중하게 여기는 카드는 그 카드에 직접 자필 서명을 하고 거기에 손수 개인적인 메시지의 글을 담은 그런 카드이다. 크리스마스는 사람과 사람이 서로 연락을 주고받을 수 있는 절호의 시간이다. 그리고 상대방에게 자신의 정성을 보여줄 수 있는 중요한 기회이다. 그런데 그런 중요한 기회를 헛되이 소모해서야 되겠는가. 이제 앞으로는 카드에다 개인적인 메시지를 손수 쓰고 거기에다 자신의 자필 서명을 직접 하도록 하라.

　다음은 감사편지에 대한 얘기다. 비즈니스를 하면서 우리는 여러 사람에게 충분한 감사의 표현을 제대로 못 하고 지낸다. 그렇다고 해서 그 뜻을 전달할 기회가 없느냐, 감사할 거리가 없느냐 하면 그것도 아니다. 전혀 아니다. 얼마든지 있다. 아니, 감사할 일이 무궁무진하다. 주문해줘서 감사하다, 전화 걸어줘서 감사하다, 도와줘서 감사하다 등등 얼마나 많은가. 그렇다면 당신에게 있어서 감사의 뜻을 편지로 써서 전할 절호의 기회를 한 번 찾아보도록 하라. 사실 평상시에 주위 사람들에게 감사해 할 일이 얼마나 많은가. 감사에 대한 표현의 기회를 당신이 그들과 연락을 주고받는 교류의 시간으로 활용하면 어떨까 싶다.

　이에, 비즈니스를 하는 많은 사람이 자기가 얼마나 상대방에 대해 관심을 갖고 신경을 쓰고 있는지에 대한 사실을 표현하고 보여주는 데 쓸 만한 제법 괜찮은 아이디어를 한 가지 소개하고자 한다. 말하자면 신문이나 잡지를 볼 때 어떤 내용의 기사나 글이 자기가 좋아하는 고객에게 관심을 끌 만할까 그것을 염두에 두며 살피는 것이다. 그리고 거기에 부합하는 글을 발견하게 되면 그것을 오려붙여 놓고 거기에다 자신의 짧은 메시지를 달아 그 당사자에게 보내주는 것이다. '이 내용의 글이 귀하께서 관심 둘 만할 것 같다는 생각이 들어 보내드립니다.' 관계나 연락을 꾸준히 유지시키면서 자신이 상대방에게 늘 관심을 가지고 있다는 것을 보여줄 수 있는 아주 훌륭한 방법이다. 사실 그렇게 하는 데 몇 시간이 걸리는 것도 아니다. 단 몇 분이면 된다. 물론 그런 것을 당신이 알고 지내는 모든 사람에게 일일이 할 수는 없는 일이다. 다만 당신이 진정으로 귀히 여기는 사람에게 당신의 느낌이나 생각을 그런 식으로 표현할 수 있다는 것이다. 이것이야말로 다른 사람과의 관계를 구축하고 그 관계를 더욱 공고히 다져 서로 간에 멋진 커뮤니케이션을 지속적으로 유지시키는 하나의 방식이 될 것이다. 사실 우리 대부분은 어떤 기념일이나 서로 축하해주는 날엔 카드를 쓰곤 한다. 그렇다면, 그리고 이왕이면 지금까지 해왔던 방식과는 이제는 좀 더 차별화된 방식으로 상대방과 커뮤니케이션을 시도해 보는 것은 어떨까?

그리고 하나 더. 상대방을 인정해 주는 것이다. 그럴 만한 상황이 있으면 바로 그에 대한 편지를 쓰는 것이다. 이런 편지는 양자 간의 관계를 더욱 공고히 함은 물론 당신이 멋진 커뮤니케이터로서의 명성을 구축하게 되는 중요한 배경이 될 것이며 상대방에 대해 당신이 어느 정도의 관심과 배려를 지니고 있는지, 그 부분에 대한 진면목을 보여주는 계기가 될 것이다. 아마도 당신은 지역신문 내지는 자신이 종사하고 있는 관련 비즈니스분야 잡지 한둘 정도는 구독하고 있을 것이다. 그리고 당신은 그런 지면을 통해서 당신이 파트너로서 함께 일하는 누군가가 승진을 했다거나, 혹은 어떤 업적이나 일에 대한 성과로 주요 상을 수상하게 되었다는 소식을 접하게 될 것이다. 그러면 절대 가만히 있지 마라. 읽었으면 그 당사자를 위해 뭔가를 하라. 가령 축전이나 축하 메시지를 보내도록 하라. 아마 당신은 그에 대한 상대방의 반응에 오히려 적잖이 놀라게 될 것이다.

우리가 무엇을 알고 있는가, 하는 것이 중요한 게 아니다. 우리에게 진정으로 중요한 것은 우리가 누구를 알고 있으며, 그와 무엇을 함께 하고 있느냐 하는 것이다.

성공을 위한 이치 중 하나가 '씨는 뿌린 대로 거둔다' 라는 것이다. '하나를 베풀면 그것의 열 배가 내게 돌아온다' 는 말 역시 옳은 말이다. 어느 날 아침 라디오를 듣고 있었다. 내가 과거에 비즈니스 교류를 하고 지냈던 사람 중 하나인 앨런 조운즈(Alan Jones) 씨가 라디오 프로그램 진행자와 인터뷰 하는 것을 우연히 듣게 된 것이다. 그는 당시 TNT의 MD였다. TNT가 처음으로 영국에 들어왔을 때 우리 회사는 그들과 함께 많은 일을 했다. 그런데 그만 나의 소홀로 인해 그간 그와 연락을 제대로 못 하고 지내오던 터였다.

라디오에서 앨런의 목소리를 들은 바로 그다음 날, 나는 그에게 편지를 써 보냈다. 라디오 인터뷰 방송을 아주 재미있게 잘 들었다는 내용의 글이었다. 그리고 며칠 후 그로부터 답장이 왔다. 내가 관심을 가질 것 같은 운송산업에 대한 책 한 권을 보내주겠다는 내용의 글이 함께 실려 있었다. 그리고 나는 또 당시 막 출간되었던 내 처녀작 〈Selling to Win〉과 함께 답장을 보냈다.

그로부터 열흘 후, 나는 TNT로부터 내 책 400부를 주문받았다. 여러분도 봐서 알겠듯이, 우리의 사려 깊은 마음씀씀이, 친절함, 그리고 다른 사람에 대한 인정이나 존중이 결과적으로 우리를 언제 어느 방향으로 이끌지에 대해서는 진정 아무도 모르는 일이다.

 ### 주머니 속 상기노트

- ■ 인상적인 소개를 하라
- ■ 있는 그대로의 상황을 말하라
- ■ 글은 항상 긍정적인 어조로 써라
- ■ 발송 전 다시 한 번 읽어봐라
- ■ 중요한 말: 당신, 당신의, 당신의 것
- ■ 오늘 누군가에게 축하한다는 메시지를 보내봐라

💬 **명언**

일어서서 말하는 것이 바로 용기이다. 그리고 앉아서 경청하는 것 또한 용기이다.

-윈스턴 처칠-

전화 커뮤니케이션

커뮤니케이션 분야에서 전화는 질문의 여지없이 여전히 가장 중요한 도구이다. 인터넷이 등장하여 그것이 이메일이라는 수단을 통해 사람들 간에 서로 더욱 빈번하게 교류할 기회를 제공해줬을지는 모르나, 그리고 우편을 통한 비즈니스 방식을 크게 개선해줬을지는 모르나 텔레커뮤니케이션은 여전히 빠른 속도로 성장하고 있는 산업분야이다. 여기서 한 가지 꼭 눈여겨봐야 할 대목이 있다. 바로 모바일폰 판매의 엄청난 성장과 그 모바일폰이 제공하는 서비스이다.

전화를 통한 접촉

비즈니스 대부분에 있어서 전화는 여전히 고객과의 비즈니스를 연결하는 최초의 라인이다. 그리고 전화는 여전히 신속하고 즉각적인 커뮤니케이션을 하는 도구 역할을 하고 있다. 1분 1초의 시간이 아쉬운 연령대의 사람들에게나 즉각적인 결정이 필요한 상황에 있는 사람들에게 있어서 한 통의 전화를 통한 커뮤니케이션은 더욱 효과적일 수밖에 없다. 따라서 텔레커뮤니케이션의 중요성은 새삼 강조하지 않아도 될 정도로 널리 인식되어 있는 만큼 그것을 활용하는 방식이나 매너에 대해서는 거듭 강조할 수밖에 없다.

일대일 접촉

구직을 하는 사람에게 있어서 전제조건 중 하나는 자신이 응시하고자 하는 회사로 전화를 걸었을 때 그 전화를 최초로 받는 사람에게 '훌륭한 전화예절'을 보여주는 것이었다. 그러나 아쉽게도 현대 커뮤니케이션 세계에서는 이제 이것도 점차 구시대적인 관습이 되어가고 있다. 서로에게 연락하는 방법이 그만큼 조직화 되고 다양화돼 가고 있다는 반증이다. 이를테면 전화를 걸고 받는 것만 해도 그렇다. 전화를 받는 사람은 모든 전화를 전부 받지 않아도 되는 세상이 되었다. 내가 자동 입력한 음성 내용에 합당한 사람이 걸어오는 전화만을 선별적으로 받을 수 있게 된 것이다. 전화를 건 사람은 자동 입력된 메시지가 전하는 대로 버튼을 누르게 되어 있으니 말이다. 내 생각으로, 꼭 모든 회사가 그네들의 고객이나 클라이언트들과 함께 이런 식으로 일을 해야 하는 것은 아니며, 이런 식으로 한다고 해서 불쾌하게 생각할 건만도 아니다. 어차피 실체가 없는 목소리를 통해 우리가 요구하는 응답이나 정보를 들을 수는 없기 때문이다. 다만 고객을 소중하게 여기는 회사, 그리고 효율적인 비즈니스 매너를 원하는 회사라면 전문적으로 대표전화를 받는 사람은 둬야 한다는 것이다.

사무 일로 내가 함께 일해 온 변호사 사무실만도 어림잡아 30여 개가 된다. 그곳에 전화를 걸면 늘 그 전화를 받는 사람이 있다. 회사로 걸려오는 대표전화를 받는 사람이다. 그런데 그렇게 편할 수가 없다. 내가 통화를 하고자 하는 사람이 없을 경우, 그들은 내게 이렇게 말한다. '메시지를 남겨 드릴까요?', '오시는 대로 전화를 드리라고 전해 드릴까요?', '누구 다른 분을 바꿔 드릴까요?', '아니면 음성메시지를 직접 남겨 주시겠는지요?' 등등의 말이다. 매력적인 목소리에 친절하고 협조적이기까지 하다. 어디 그뿐인가. 내 시간을 많이 절약해줌은 물론 고혈압의 위험으로부터도 나를 구해주질 않던가!

내가 지금 전하고자 하는 메시지는 분명하다. 당신으로부터 당신의 도움과 충고, 혹은 정보를 원하는 고객에게 장벽을 설치하지 말라는 것이다. 만일 그 고객들이 당신에게서 자신들이 원하는 것을 바로 얻지 못한다면 그들은 다른 데로 떠나가게 될 거라는 생각이다. 전화의 목적은 누군가 한 사람이 자신이 원하는 그 누군가와 직접적으로 통화를 할 수 있게 되어 있는 것이지 그 앞에 여러 가지 선택의 조건들을 걸어놓고 통화를 하는 사람을 선별적으로 가려내는 것은 아니질 않는가.

훌륭한 전화예절

전화가 커뮤니케이션과 사업자와 사업자 간의 업무거래에 있어서 첫 번째 관문이라는 데에 동의를 한다면, 그리고 누군가가 또 다른 누군가에게 직접적으로 말을 할 수 있는 중요한 수단이라는 데에 동의한다면, 우리는 우리에게 전화를 걸어오는 사람에게 호의

146

적인 전화예절과 환영의 음성을 들려주는 것이 중요하다는 것에 대해서도 동의를 해야만 할 것이다.

이제 당신은, 한창 식사 중에 있는 당신에게, 혹은 좋아하는 텔레비전 프로그램을 즐기고 있는 당신에게 전화를 걸어 이중유리창을 팔려 하거나, 혹은 생명보험 세일즈를 하려는 사람에게 어떻게, 혹은 왜 반가운 목소리로 전화를 받아야 하는가에 대해 묻고 싶을 것이다. 물론 그중에 일부는 당신을 성가시게 할 것이다. 그러나 또 그중에는 우리가 바짝 신경을 써야 할 사람도 있다는 것을 명심해야 할 것이다.

당신은 전화를 받으면 어떤 식으로 말하는가? 실제로 반갑게 받는가? 당신은 걸려온 상대방의 전화 목소리를 듣고 기뻐하고 있다는 것을 상대편에게 표현하는가? 직접 상대방의 얼굴을 보지 않고서 서로의 상황을 교환해야 하기 때문에 목소리를 통해 상대방에게 당신의 관심과 열정을 전달하는 것은 대단히 중요하다. 이를테면, 다음과 같은 표현을 사용해 보는 것은 어떨까.

- 이렇게 전화를 받게 돼서 정말 반갑습니다.
- 미처 생각지도 못하고 있었는데 이렇게 뜻밖의 전화를 주시

니 너무나도 기쁩니다.

　■ 이렇게 직접 목소리를 듣게 돼서 정말 반갑습니다.

　이런 말들이 때에 따라서 냉소적인 사람들에게는 듣기에 거슬릴 수도 있겠지만, 그래도 별 무리 없이 곧바로 자연스럽게 대화를 진행시켜 나가는 데 도움이 된다. 그러나 한편으로 또 염두에 둬야 할 것은 방금도 지적했다시피 냉소적이거나, 회의적이적나, 성격이 거친 사람이거나, 혹은 부정적인 성격이 강한 사람들에게는 그런 표현이 그다지 호의적인 말로 들리지 않을 수도 있다는 것이다.

　그러나 뭐니 뭐니 해도 중요한 것은 전화를 효과적으로 사용하는 데 있어서 상대방에게 전달되는 목소리는 대단히 중요하기 때문에, 특히 목소리의 억양은 상대방에게 상당히 큰 영향을 미치기 때문에 늘 각별한 신경을 써야 한다. 참고로 좀 더 조언한다면, 말을 할 때 그 높낮이와 속도에 시기적절하게 변화를 주어야 한다는 것이다.

　열의와 관심을 전하라. 그렇게 하면 당신은 상대방의 관심을 유지하게 될 것이다.

효과적으로 전화를 사용하는 또 다른 방법 하나는 통화를 하면서 미소를 짓는 것이다. 이 말이 촌스럽게 들릴지 모르겠지만 실제로 전화 통화를 하는 데 있어서 이 방법은 매우 효과가 있다. 실제로 상대방은 미소를 지으며 전화 통화를 하고 있는 당신의 음성에서 육감적으로 좋은 분위기를 감지하게 되기 때문이다. 따라서 일단은 미소와 함께 전화 통화를 시작하려고 노력하고, 진지하고 심각한 말은 그 뒤에 하도록 하라. 상대방에게 당신의 말은 사뭇 다르게 들릴 것이다.

효과적으로 전화 사용하기

이 책은 상호 간의 관계를 구축하고 그것을 유지하기 위한 커뮤니케이션에 대한 책이다. 그리고 전화는 바로 그러한 커뮤니케이션을 가장 효과적으로 할 수 있는 하나의 방식이다. 전화를 많이 하지 않는다 하더라도 누구나 적어도 일주일에 몇 번쯤은 전화를 하지 않을까 싶다. 그간 한동안 보지 못했던 오랜 옛 친구에게, 어떤 지인에게, 혹은 가족 일원에게 말이다. 전화 한 번 하는 데는 그다지 많은 시간도 많은 돈도 들지 않는다. 그러나 그 전화가 상대방에게 가져다주는 기쁨은 결코 작지가 않다. 많은 사람이 저마다 그 누군가에게 전화를 잘 안 한다고 투덜대기 일쑤다. 그러나 정작 자신은 그들에게 얼마나 자주 전화를 하고 있는가. 가는 것이 있어야 오는 것이 있는 것 아니겠는가. 그러니 전화를 하라. 당신에게는 물론이고 상대방에까지 적잖은 기쁨을 가져다주질 않는가.

반대로, 전화를 잘못 사용하지는 말라. 가장 쓸데없이 황당한 부류 중 하나가 바로 다시 전화한다고 약속해 놓고 꿩 구워먹은 소식인 사람이다. 상대방에게 다시 전화를 걸겠다고 했으면 그대로 행하라. 상대방이 고대하고 있는 어떤 결정 사항이나 정보를 전해줄 수 없는 상황이더라도 말이다. 당신 측에서 상황이 어떻게 진행되고 있는지를 궁금해하도록 내버려두기보다는 그들에게 전화를 걸어서 현재 상황이 어떤지에 대한 대략적인 구도라도 알려주는 것이 바람직하다.

또 다른 황당한 부류의 사람이 있다. 전화를 하지 않겠다고 거부하는 사람이다. 그러나 그는 얼마 안 가서 뜬금없이 당신의 질문에 대해 답을 하거나 자신의 결정 사항을 알린답시고 전화를 한다. 그렇게 할 거면서 왜 지금은 안 된다고 하는 것인가? 최소한 이렇게는 할 수 있는 것 아닌가. '미안하지만 지금은 이 부분에 대해서 말씀드릴 수 없겠는데요. 하지만 오늘 오후(혹은 내일/ 또는 금요

일)에 전화를 주시기 바랍니다. 그럼 그때까지 당신이 필요로 하는 정보를 준비해보도록 하겠습니다.' 이렇게 하면 되는 것이다. 전화 답변을 거절한다든가, 혹은 다시 전화하겠다는 의향이 없는 사람과 무슨 비즈니스를 함께 할 수 있겠는가.

주머니 속 상기노트

- 음성메일을 활용하려거든 현명하게 하라
- 전화 통화를 할 때는 미소를 보이며 열의(성의)가 담긴 음성으로 하라
- 꼭 필요한 경우가 아니더라도 오늘 누군가에게 전화를 걸어라
- 늘 답신 전화를 하라

명언

비즈니스를 함에 있어 가장 위험한 사람을 경계하라. 바로 자신의 의견을 투명하게 밝히지 않는 사람이다.

-작자 미상-

미팅

고독한가?

자신의 개인적인 일로 고심하고 있는가?

결정을 내리기가 끔찍한가?

그것을 직접 행하기보다는 차라리 그것에 대해 말로 푸는 것이

더 낫겠는가?

미팅을 가져라.

당신은 다른 사람을 보게 될 것이고,

편안한 수면을 취하게 될 것이며, 혼자 내려야 하는 결정의 짐

을 덜게 될 것이며,

거창한 수사를 동원하지 않고도 글을 쓸 수 있게 될 것이며
당신의 동료에 대해 소중함을 느끼게 될 것이며,
그에게 깊은 인상을 주게 될 것이다.
그럼으로써 모두 제시간에 원하는 바를 얻게 될 것이다.

미팅은 일을 하는 데 있어서 무척이나 쓸모있는 커뮤니케이션 방식이다.

현실적으로 되돌아보자. 실제로 누군가와 만나지 않고 되는 일이 있는가.

한 사람 이상의 주장이나 견해를 두루 검토하거나, 혹은 모든 사람이 찬성하는 어떤 결정 사항을 이끌어 내기에 요긴한 방식 중 하나가 바로 미팅(meeting)이라고 당신은 주장할 수 있을 것이다. 미팅은 말만 무성하고 실천적인 행동이 거의 수반되지 않는 상황에서는 높은 집중력을 이끌어 낸다. 이를테면 제대로 된 미팅은 차기 미팅에서 무엇을 논해야 하는지에 대한 내용까지 이끌어 내는 진지한 논의의 자리이다.

미팅이 진행되는 대부분 시간은 현재 무엇을 하고 있는지에 대한 것보다는 앞으로 무엇을 해야 할지에 대한 사람들의 의견으로

또한 미팅은 대부분 일터에서 꼭 필요한 하나의 업무방식이다. 그리고 한두 사람이 모이는 작은 미팅에서부터 거대한 회합에 이르기까지 그 형태의 규모 또한 다양하다. 그렇다. 일련의 다양한 미팅은 각각 나름의 효과를 이끌어 낼 수가 있다. 그리고 적지 않은 거래를 성사시킬 수도 있다. 여기서 한 가지! 효과적인 미팅을 갖기 위한 제법 괜찮은 방법 중 하나는 의자가 전혀 없는 빈 공간에서의 미팅이다. 놀랍게도 꽤 빠른 시간 내에 목적한 바에 도달하게 한다!

가장 효과적으로, 그리고 가장 값어치 있는 커뮤니케이션 형태를 띤 미팅을 위한 조언 몇 가지를 예로 들어 보고자 한다.

효과적인 미팅

당신이 하나의 미팅을 구성하거나, 혹은 그것을 이끌고자 한다면 다음에 전하는 원칙들을 한 번 적용해 보기 바란다.

1. 미팅 전에 목표를 확실히 정하라. 궁극적으로 정확하게 무엇

을 얻고자 하는가? 목표가 한 가지든, 혹은 그 이상이든 정하고 가라. 미팅 진행 원칙은 목표하는 가지 수와 상관없이 동일하다. 만일 자신이 원하는 게 무엇인지도 모르고 미팅을 가졌을 때 당신의 의견에 저돌적으로 맞서는 사람(들)은 어떻게 맞대응하려고 하는가?

2. 아젠더(의제, 혹은 협의사항)를 준비하라. 미팅이 보다 순조롭게 진행될 수 있도록 해줄 뿐만 아니라, 미팅에 참여한 관련자 모두에게 발언할 수 있는 참여의 기회를 부여할 수 있도록 해준다. 이는 미팅에 참여하게 될 모든 사람이 회의가 어떻게 진행될 것인가에 대해 미리 준비된 아젠더를 보고 각자 나름대로 의견을 준비할 수 있도록 해주기 때문이다. 여기서 더욱 중요한 것은, 아젠더는 목표를 달성할 수 있도록 해준다는 사실이다.

3. 미팅에 참여하게 될 사람들에게 의견을 물어라. 미팅 아젠더에 어떤 내용을 포함시키면 좋을지에 대한 그들의 의견에 대해서 말이다. 이것이야말로 바람직한 인력경영이라 할 수 있으며, 미팅 시간이 쓸데없이 지연되는 것을 사전에 막아주고, 나아가 논의될 주제에 대해 그들이 깊이 고민한 후 미팅에 참여할 수 있도록 해준다.

4. 아젠더에 여타의 다른 비즈니스(AOB: any other

business) 내용은 포함시키지 않도록 하라. 그것은 막대한 시간낭비이다. 만일 그렇게 될 땐 미팅에 참여하는 사람들로 하여금 적잖은 걱정과 염려를 야기하여 주요 의제에 대한 목표달성을 어렵게 할 것이다. 뿐만 아니라 정해진 미팅 시간에 그런 핵심 논제에서 벗어난 부분에 대해서까지 논할 충분한 시간이 없으며, 미팅이 부정적인 상황에서 마무리될 여지가 많다. 따라서 바로 앞서 언급한 3번의 원칙을 적용할 의향이라면 AOB는 반드시 제외시켜라.

5. 시작 시간뿐만 아니라 끝나는 시간을 정하고, 그것을 아젠더에 명시하도록 하라. 그렇게 미팅 종료 시간이 정해졌을 경우, 그리고 그것을 인지하고 있을 경우, 참가자들은 그들 나름대로 정해진 (각각의) 사안에 대한 결정을 주어진 시간 내에 자기들 나름대로 이끌어 내려고 할 것이며, 나아가 자신의 말을 어느 시점에서 마무리해야 할지에 대해 스스로 컨트롤하게 될 것이다. 결국 이것은 미팅 주재를 보다 유연하게 이끌도록 해준다.

6. 아젠더의 내용은 각 항목별로 정리하도록 하라.
- 논의될 내용
- 논의되어야 하는 이유
- 성취 기대효과

■ 결과 예측 시점

이렇게 하는 목적은 불필요한 논의와 쓸데없는 말을 줄이기 위함이다.

7. 미팅을 기획하는 사람으로서, 혹은 미팅을 주재하는 사람으로서, 아젠더에 나타난 각각의 주제가 당신에게 익숙해지도록 당신 자신을 즉응시키도록 하라. 당신은 모두에게 도움이 되어줄 수 있을 뿐만 아니라, 당신 자신 역시 주어진 사안에 대해 명료해질 수가 있다.

미팅 주재하기, 혹은 미팅 브리핑하기

미팅을 브리핑할 때에는 논제하의 주제에 대한 배경과 역사에 대해, 그리고 그것이 현재 논의되어야 하는 이유에 대해 언급하라. 참석자들로부터는 새로운 사실이나 어떤 구체적인 정보를 유도해 내면서 그들의 입장을 이끌어 내라. 미팅을 주재할 때에는 항상 긍정적인 자세를 견지하면서 합일점을 추구하고 조용히 침묵하고 있는 사람에게 그들의 견해를 요청하라. 그리고 어떤 상황에서도 사적인 공격 발언은 해서도 안 되며 그런 상황이 벌어지게 해서도 안 된다.

미팅의 목적은 어떤 주제나 사안에 대한 결정을 내리기 위함이다. 그리고 그 주제에 대해 일단 어떤 결정이 내려지면 그것을 위해 수반되는 업무를 누가 이행하게 될 것인가에 대한 사실을 확실히 인지시키고, 그것을 위한 업무수행 완료 데드라인을 정해주고 그 기한을 넘기지 않도록 사전 조치하라. 기한을 넘기게 되는 것은 시간 낭비만이 있을 따름이다.

당신의 참여

미팅 참여가 아젠더에 명시된 모든 주제에 대해 어떤 의견을 당신이 반드시 표명해야 한다는 것을 의미하지는 않는다. 또한 모든 논의에 당신이 꼭 어떤 기여를 해야만 한다는 것을 의미하지도 않는다. 다만 당신이 어떤 주제에 대해 반드시 강력한 의견의 목소리를 내야 한다고 생각한다면 그렇게 하라. 당신이 어떤 주제와 관련하여 어떤 경험이나 지식이 있다면 그것을 나눠야 하기 때문이다.

그러나 '이러 저러 말했으면 좋겠다' 라는 생각이 드는 미팅에서 그냥 빠져나온다면 그것은 전적으로 잘못된 처사이다. 언제든 적절한 시간에 당신의 주장을 펼치도록 하라. 미팅에 참여해서는 역할을 다하라. 그리고 자신이 지니고 있는 가치를 더하며, 말을 할 때에는 상식선에서 말하라. 만일 이 모든 것을 잘만 이행한다면 모든 사람이 당신의 말에 귀를 기울이게 될 것이다.

회의록

당신의 미팅이 회의록으로 기록되길 원한다면 적임자를 정하여 해당 내용을 정리, 요약하여 제출하도록 지시하라. 그 회의록엔 미팅에서의 논의 결과가 어떻게 났으며, 그것을 어떤 방식으로 실행하여 옮길 것인지, 그리고 그것은 누가, 언제까지 할 것인지에 대한 것들뿐만 아니라 논의된 핵심 등에 대한 내용을 담으면 될 것이다. 한편 회의록에는 반드시 논의된 내용과 관련된 정보만이 기록되어 나타날 수 있도록 하며, 쓸데없는 군더더기들은 기록하지 않도록 처음부터 주지시키도록 하라.

다음 미팅 전에는 이전 미팅의 회의록을 충분히 회람시켜, 사전에 그 내용을 숙지할 기회를 주도록 하라. 이렇게 하면 다음 미팅 진행시간을 줄일 수가 있다. 한편 이전 미팅시간에 제기된 논제에 대해 너무 길게 재논의 되지 않도록 할 것이며, 만일 그 주제가 중요하다는 판단이 든다면 아예 미팅 전 준비하는 아젠더에 별도로 그 부분에 대한 내용을 포함시켜야 할 것이다.

미팅의 혜택

좋은 미팅이라 함은 참여한 사람들이 자리를 뜰 때, 그들 스스로가 앞으로 무엇을 해야 할지, 언제 그것을 해야 할지에 대한 것을 충분히 인지한 가운데, 그 미팅을 통해 뭔가 영감을 얻고 새로운 힘과 열정을 재충전한 느낌을 가져 앞으로 자신들 앞에 다가올 어떤 도전에 대해 흥분된 감정을 느끼게 하는 그런 미팅을 말한다. 미팅을 성공적으로 끝냈다면 '아주 멋진 미팅이었다. 정말 의미 있는 자리였다' 라는 생각을 하며 그 자리를 일어서라. 당신의 역할과 목적한 바의 성취는 온전히 당신에게 달렸다.

주머니 속 상기노트

- 모든 미팅에는 각각의 목표를 설정하라
- 작성된 아젠더에 기여를 할 만한 사람을 초대하라
- 아젠더 상에 쓸데없는 내용은 절대 포함시키지 말라
- 아젠더에는 반드시 미팅 종료 시간을 명시하라
- 할 말이 있을 때에만 발언하라
- 회의록은 명료하고 정확해야 한다는 사실을 인지시켜라

명언

당신이 어떤 일을 실행시키고자 한다면 바쁜 사람에게 청하라.
−작자 미상−

더 나은 커뮤니케이션을 위한 10가지 중요한 팁

1. 사람에게 말하라.

2. 사람을 보거든 미소를 지어라.

3. 말을 걸 때는 상대방의 이름부터 언급하라.

4. 온화하고 다정스럽게, 그리고 협조적인 자세를 취하라.

5. 삶에 대한 열정을 지녀라.

6. 상대방에 대해 진심 어린 관심을 보여라.

7. 칭찬할 기회를 찾아라.

8. 상대방의 감정이나 정서를 배려하라.

9. 상대방의 입장이나 견해에 대해 사려 깊고 존중하는
   태도를 지녀라.

10. 훌륭한 경청인이 되어라.

이번 섹션에서는 효과적이고 설득력 있는 커뮤니케이션의 원칙과 방법을
들려주고자 한다. 내가 계속해서 전하고자 하는 주제는
'우리가 무엇을 말하는가가 아니라 어떻게 말하는가' 가 될 것이다.

Step
02

이기는 프레젠테이션
Presenting to win

프레젠테이션 스킬

야심 있는 관리자가 꼭 갖춰야 할 덕목 중 하나가 프레젠테이션 기술이다. 좋은 싫든, 우리는 목적달성, 성취, 출세, 그리고 성공을 끊임없이 지향하는 문화가 지배하는 사회에서 살아가고 있다. 그것은 다시 말해서 이 사회가 프레젠테이션 기술을 절대적인 주요 역할 덕목으로 요구하고 있다는 것을 의미한다.

비즈니스 과정에서 나는 이와 관련한 숱한 상황을 직접 목격해 오고 있다. 이를테면 나름의 위치에서 대단한 능력과 지혜를 겸비한 관리자 내지는 리더들이 프레젠테이션 석상에서 각자 자신들이 그간 지니고 있던 자신감은 물론 각자가 이끄는 여러 사람들로부터 유지하고 있었던 존경심 등을 한순간에 잃어버리는 것을 수도 없이 지켜봐 왔다는 것이다. 이런 상황은 모두 그들이 누군가에게 뭔가를 프레젠테이션 하는 일부 과정에서 볼품없는, 그야말로 아마추어 같은 취약한 모습을 보일 때 일어난다. 오늘날의 비즈니스 세계는 누구에게든 전문성을 요구하며, 또 그로부터 그 전문성을 기대한다. 이제 더 이상 볼품없는 프레젠테이션이 누구에게도 변명거리의 대상으로 통하지 않는다. 나는 아무런 감정도, 열정도, 책임감도 자아내지 못한 채 직원들에게 그저 지루하기만 한 프레젠테이션을 하는 CEO, 회장, 관리경영자들을 자주 봐왔다.

강조하지만, 프레젠테이션을 잘하지 못하고서는 그 누구도 이러쿵저러쿵 구실이나 핑계를 댈 수 없다. 그래서 그런지 다양한 기구나 단체들로부터 내가 직접 운영하고 있는 '리처드 데니그룹(The Richard Denny Group, www.Denny.co.uk)'으로, 대중 연설(프레젠테이션) 코스를 맡아서 진행해 달라는 제안이 넘쳐나고 있다. 지금까지는 리더들만의 몫으로 여겨졌던 프레젠테이션 기술이 이제는 평범한 당신 또한 반드시 갖추어야 할 덕목이 되었다. 더군다나 직장에서 승진을 하고, 성공을 하기 위해서라면 반드시 갖추어야 할 중요한 장비인 것이다.

'이기는 프레젠테이션'의 이번 섹션에서 우리는 프레젠테이션을 하는 데 있어서 가장 중요한 요소들로는 무엇이 있는지를 다루고자 한다. 그러나 아무리 그렇다 하더라도 이 부분이 한 전문 트레이너와 함께 하는 실제 트레이닝 과정을 대체할 정도는 아니라는 사실에 대해서 사전 양해해 주길 당부한다. 다만 여기서 내가 전하는 내용과 정보를 숙지하고자 하는 여러분의 작은 투자는 분명 여러분이 앞으로 이루게 될 최상의 투자 중 하나가 될 것임을 믿어 의심치 않는다.

다음에 곧바로 이어지게 될 내 조언들은 대중 연설에는 물론이고, 원하는 사업의 목적을 달성하기 위해 미래의 잠재고객들에게 전하게 될 생동감 있는 프레젠테이션으로부터 회사 내부에서 이루어지는 정규 프레젠테이션에 이르기까지 모두 적용될 수 있다.

어떤 상황에서든 프레젠테이션 서두에, 당신이 주제로 내걸고 있는 부분을 당신이 추구하고 있는 결과와 서로 관련 지어 그것들이 상호 연결이 될 수 있도록 시도하라. 이것은 완전히 상식적인 방식의 예라 할 수 있다. 그러나 보편적이진 않다. 당신의 연설이나 프레젠테이션을 듣는 사람들이 당신이 전하고자 하는 내용의 결과에 대해 빨리 듣고 싶어 하는 분위기라면, 당신이 전하고자 하는 말에 더욱 관심을 가지고 열중하게 될 것이다. 다음으로 비즈니스 연설이나 프레젠테이션에서, 많은 아마추어들이 자주 범하는 것으로, 자신은 물론 자신이 전달하고자 하는 내용에 대해 청중으로부터 신뢰를 얻을 생각으로 회사 연혁, 발자취, 혹은 그 회사가 거둔 업적이나 성과 등에 대해 상세한 언급은 하지 않도록 하라. 굳이 하고자 한다면, 1-2분 정도를 넘지 않는 범위 내로 할애하도록 하라. 기억하라, 당신은 앞으로 무엇을 할 수 있는지에 대한 전망과 가능성을 팔고자 프레젠테이션 석상에 선 것이지 그 회사를 팔려고 그 자리에 선 것이 아니라는 사실을.

이번 섹션에서 수차례 반복될 정도로 가장 중요한 조언은 앞에 앉은 사람들에게 이야기, 일화, 그리고 유사사례에 대해 말하라는 것이다. 할 수만 있다면, 시종일관 청중의 주위를 당신에게 집중시키라는 것이다.

스피치 세일즈하는 법을 배워라

대중을 상대로 한 스피치와 관련하여, 타고난 천부적인 재능을 지닌 사람이 있긴 하지만 그 정도에 해당하는 사람은 생각보다 그리 많지는 않다. 그렇기 때문에 대중 연설이 어떤 신비로운 기술을 지닌 사람의 몫은 아니다. 그러므로 대중 연설가로서의 뛰어난 기질을 지니고 태어난 사람은 없다. 다만 일부의 사람은 여러 사람들 앞에서 자기 의견에 대한 피력을 다른 사람들에 비해 보다 수월하게 하는 요령을 터득하고 있으며, 또 다른 부류의 사람은 대중 앞에

서서 말을 하는 데 있어서 적잖은 두려움을 지니고 있는 것이다.

이번 섹션에서는 효과적이고 설득력 있는 커뮤니케이션의 원칙과 방법을 들려주고자 한다. 내가 계속해서 전하고자 하는 주제는 '우리가 무엇을 말하는가가 아니라, 그것을 어떻게 말하는가' 가 될 것이다.

대중 앞에서의 효과적인 스피치를 위해 내가 계속해서 논하는 내용에 귀담아들어 줄 것을 당부한다. 먼저 당신이 하는 말을 듣기 위해 운집한 사람들 앞에 서서 말을 할 때에는 반드시 그들에게 즐거움을 주던가, 아니면 말을 팔아야 한다. 그러나 두 가지를 다 하려고 들지는 말라. (이것은 텔레비전이나 라디오에서의 프레젠테이션에 해당하는 얘긴 아니라는 점을 밝힌다. 그것은 내가 여기서 말하는 원칙과는 완전히 다른 영역이기 때문이다.)

대중 앞에서의 스피치는 오락을 위한 의식행위이거나 무엇인가를 팔기 위한 의식행위이다.

아무래도 이쯤에서 바로 오락(entertaining)에 대해 내가 의미하는 바를 명확히 해야 할 것 같다. 이런 맥락에서 볼 때 대부분 사람들이 대중 앞에서 하는 스피치는 오락 측면일 경우보다는 뭔가를 팔기 위한 측면이 강하다고 봐야 할 것이다. 따라서 대중 스피치와 관련하여 지금부터 내가 다루고자 하는 얘기는 모두 하나의 판매과정 측면에서의 연설이 될 것이며, 오락적 측면의 내용은 배제할 생각이다.

여러 사람들 앞에서 행해지는 연설자의 첫 번째 예로 누굴 들 수 있을까, 떠올려 보니 학생들을 가르치는 교사가 먼저 떠오른다. 아마도 일정 주제에 대해 믿기지 않을 정도의 엄청난 지식을 가지고서 강의를 하던 선생님이나 강사의 말에 주목하며 귀를 기울이던 장면에 대한 추억들 한두 가지는 모두 가지고 있을 것이다. 그런데 수업이나 강의를 듣다 보면 선생님이나 강사의 말이 어느 순간 지루해지거나 재미가 없어져 그 내용에 집중하지 못하고 이리저리 방황하다가, 종국에는 선생님이나 강사가 무슨 내용의 수업이나 강의를 하고 있었는지조차 기억하지 못했던 상황을 체험한 기억 또한 있을 것이다.

물론 자신이 알고 있는 지식이나 정보를 가지고서 그것을 듣고자 하는 사람들에게 전달하는 것은 전적으로 전달자(커뮤니케이터)의 몫이다. 아니 그의 의무사항이다. 수업이나 강의를 들은 사람이 자기가 들은 지식이나 정보 내용을 받아들이든, 혹은 그 부분에 대해 이견을 주장하든, 그것은 그다음의 문제이다. 대부분 지식의 전달절차나 그 과정은 세일즈 과정과도 같다. 학생들이 수업내용(메시지)을 받아들일 수 있도록 하는 것은 어디까지나 교육자의 몫이다. 세일즈 절차 과정도 그와 마찬가지이다.

당신이 경청했던 모든 연설과 프레젠테이션을 잠시 한 번 떠올려 보라. 당신의 뇌리에 즉각적으로 떠오르는 그 어떤 장면들이 분명 있을 것이다. 그것들은 대부분 어떤 주제에 대한 단순한 연설이라기보다는 당신의 관심을 이끌어 내고, 거기에 어떤 즐거움까지 제공되었던 그런 주제에 대한 연설이었을 것이다.

 **주머니 속 상기노트**

■ 청중에게 스피치를 하는 사람은 오락을 제공하거나 판매를 하거나 둘 중 하나여야 한다

■ 모든 연설자는 무언가를 세일즈하는 것이다

■ 훌륭한 대중 연설자는 그 연설을 듣는 청중의 반응으로 평가돼야 한다

■ 세일즈 담당자는 누군가가 어떤 결심을 하도록 도와주는 사

람이다

■ 세일즈와 대중 연설의 테크닉은 상식에 기초한다

 명언

당신 자신을 즐겁게 하려거든 다른 사람을 먼저 즐겁게 하라.

-Bits & Pieces-

과민한 긴장

여태껏 대중 앞에 나서서 연설을 해본 적이 단 한 번도 없다면 당신은 그것에 대한 생각만으로도 걱정스럽고 두려운 마음이 앞설 것이다. 그런 상황이라면 사람들이 모여 있는 공간에서 대표로 일어나 발언할 기회가 혹여 자기에게 주어지지나 않을까, 혹은 앞으로 불려나가게 되지나 않을까 하는 두려운 마음에, 누가 볼세라, 틈을 보이지 않기 위해 아예 고개를 푹 숙이고 있을지도 모를 일이다. 내 생각으로는 아마도 그럴 확률이 높다. 왜 그러는가? 그것은 분명 실패에 대한 두려움 때문이며, 다른 사람들에게 자신의 말이 받아들여지지 않으면 어떻게 하나, 혹은 자기 스스로가 자신을 바보로 만드는 것은 아닌가 하는 두려운 마음이 잠재의식 속에 도사리고 있기 때문이다. 이런 두려움은 모두 자신감의 결여에서 비롯된다.

만일 과거에 대중 연설과 관련하여 떠올리고 싶지 않은 경험이 있었다면 당신은 거의 십중팔구 앞으로도 대중 앞에 당당히 서는 게 쉽지 않을 것으로 보인다. 어떻게 보면 하나의 위기일 수도 있다. 심지어는 자기 자신을 아예 '대중 앞에 서는 데 어울리지 않는 사람'으로 위험한 단정을 내릴 수도 있다. 앞서 잠시 언급한 바 있듯이 이 두려움은 모두 실패의 경험이 불러온 자신감의 결여에 기인한다고 할 수 있다. 결국 자신에 대한 자신감의 결여는 '나는 그것을 못 해!'라는 생각으로 이끈다. 여러분도 알다시피 우리는 모두 과거의 경험으로 현재의 우리가 만들어진 것 아니겠는가. 우리 모두는 긍정적인 사고방식을 지니고 태어났다. 그러나 일상의 조건이 우리 중의 일부를 부정적인 사고의 소유자로 만들어 버린다.

당신의 신경과민 증상을 이해하라

아주 단순한 관점에서 바라볼 때, 대중 연설가가 인지해야 할 두 가지 유형의 신경과민 현상에 대해 지금 한마디 하고자 한다.

첫 번째 경우는 일상에서 완전히 벗어난 그 어떤 것을 해야 할 때마다 일어난다. 예를 들면 처음으로 스카이다이빙을 한다든가, 처음으로 말을 탄다든가, 혹은 처음으로 대중 앞에 서서 연설을 하게 된다든가 하는 예들이 바로 그 경우이다. 아마도 신경과민은 하나의 지독한 공포감으로 묘사될 수도 있겠다. 그러나 의외로 이런 감정은 오래가지 않는다. 당신이 두려워하는 것을 당신 스스로가 행동으로 옮기면 옮길수록 그 공포감은 줄어들게 돼 있다. 제법 괜찮은 문장 하나를 인용할 터이니 꼭 기억하라. '두려움을 극복하기 위한 유일한 방법은 당신이 행하기 두려워하는 것을 지속적으로 행하는 것이다.'

신경과민의 두 번째 유형은 대단히 중요하다. 이것은 대중 연설가가 반드시 극복해야 하는 대상인 동시에, 잘 활용해야 하는 것이기도 하다. 여러분은 잘 알려진 어떤 배우가 인터뷰에 응하는 장면을 보았거나 들어본 적이 있을 것이다. 가령 인터뷰하는 사람이 그 배우에게 이런 질문을 한다. '지금까지 오랜 세월 간 무대에 서 오셨는데, 아직도 무대에 서면 떨리거나 긴장되는지요?

그 배우는 과연 뭐라고 대답할까? 언제나 변함없는 얘기일 수 있겠지만, 그 배우는 무대에 오를 때마다 느끼는 자신의 과도한 긴장에 대해 이렇게 묘사할 것이다. '네, 그렇습니다. 짐작하시겠지만, 특별히 나아지는 것 같진 않아요. 늘 신경 쓰이고 긴장이 되더라구요.' 어떤 배우는 동료 배우에게조차 털어놓을 수 없는 긴장감을 느끼고, 또 어떤 배우는 신경과민의 상태가 되고, 또 심할 경우 육체적으로 병이 나는 경우도 있으며, 또 어떤 배우는 느슨하게 풀린 육체적 기능 저하로 고통을 받기까지 한다!

그렇다면 우리는 그와 같은 여러 예를 통해서 무엇을 배울 수 있겠는가? 이러한 신경과민의 형태는 일면 지극히 자연스러운 반응이다. 배우들은 자신의 무대공연에 최선을 다하려고 무진 애를 쓰며 그것에 집중한다. 그럼으로써, 그들의 신경과민 체계는 계속해서 아드레날린을 분비시키며, 동시에 신경과민으로 인한 긴장감이라는 불편함을 만들어 낸다.

아드레날린과 신경과민성 긴장은 좋은 공연을 위한 필수불가결한 부분들이다.

따라서 신경과민성에서 오는 불편함에 대해서는 크게 염려할 필요가 없다. 반대로 여러분이 염려해야 하는 부분은 오히려 그런 기분이 들지 않을 때다. 그런 긴장이나 걱정의 느낌이 들지 않는 경우 당신의 공연에 최선을 다하고자 하는 마음이 고갈돼 있다는 것을 의미한다고 볼 수도 있기 때문이다.

신경과민성 긴장 다루기

어떤 사람은 대중 앞에서 연설을 시작할 때 자기 손이 부들부들 떨리는 현상을 느낀다. 심지어는 두 다리까지 후들후들 떨리고 목소리마저도 떨리는 현상을 감지한다. 물론 이것보다 더한 예도 없진 않다. 이를테면 자신에게 일어나는 그런 현상을 운집해 있는 청중은 감지하고 있는데 정작 연사 자신은 느끼지 못하는 경우의 예이다.

프레젠테이션을 하러 앞으로 걸어나가기 전에, 혹은 자리에서 일어서기 전에 한두 차례 심호흡을 하라.

수많은 컨퍼런스, 컨벤션 그리고 세미나 등에서 다양한 의견 발표를 20여 년 동안 한 후에 비로소 나는 단 몇 차례의 심호흡이 대중 연설을 하러 단상에 오르거나, 혹은 무대에 서 있는 동안 찾아오는 신경과민성 긴장감을 크게 누그러뜨리는 효과가 있다는 것을 알게 되었다. 만일 연설 도중에 좀 떨린다 싶으면, 두 손을 꽉 마주

잡아 보거나, 혹은 단상에 마련된 연사용 탁자를 양손으로 꽉 한 번 움켜쥐어 보는 것도 긴장 해소에 도움이 된다. 그러나 무엇보다도 당신의 프레젠테이션을 위한 치밀한 계획과 준비, 그리고 수차례에 걸친 연습이야말로 자신감을 구축하고, 나아가 당신의 긴장감을 극복하는 데 가장 큰 도움이 될 것이다.

 ## 주머니 속 상기노트

■ 훌륭한 연사가 되기 위해서 당신은 자신의 두려움을 이해해야 한다

■ 신경과민은 무대 공포에서 비롯될 수 있다

■ 두려움을 극복하기 위한 유일한 방법은 당신이 하기 두려워하는 것을 지속적으로 꾸준히 행하는 것이다

■ 아드레날린과 신경과민성 긴장은 멋진 공연을 위한 필수불가결한 요소이다

■ 깊은 호흡이나 연습은 긴장을 극복하는 데 도움을 준다

■ 신경과민성 긴장은 일종의 스트레스와 같다. 잘 다스려지면 좋은 결과를 가져온다

두려움은 이 세상에서 그 어떤 것보다도 많은 사람들을 무력화
시키고 있다.

-랄프 왈도 에머슨-

준비

자신감은 철저하고 정확한 준비에서 온다.

신경과민성 긴장 다루기

당신이 훌륭한 연설(프레젠테이션)을 위해 구상하고, 틀을 잡고, 연설문을 작성하는 등의 준비를 위한 노력을 많이 하면 할수록 그 연설(프레젠테이션)에 대한 열정과 거기서 오는 기쁨과 보람은 더욱더 커진다.

1단계- 파일을 준비하라

컴퓨터 파일을 열거나 사이즈 큰 서류를 펼친 다음 행사 내용에 어울리는 구체적인 사항들을 대략 정리하고, 당신이 전하고자 하는 내용의 제목도 한 번 적어보도록 하라.

2단계- 아이디어를 수집하라

1단계에서 작성한 골격 내용에 각각 쓰일 만한 구체적인 자료를 수집하라. 이를테면 당신이 평상시에 읽는 다양한 신문기사들은 당신의 논지를 뒷받침하는 중요한 자료가 될 수 있다. 주제에 어울리는 내용이 있으면 그때그때 스크랩하여 파일에 보관하도록 하라.

3단계- 목표를 정하라

펜을 들어 당신이 전달할 내용을 작성해 나가기 전에 당신이 연설을 하면서 얻고자 하는 반응이 어떤 것인지를 정확히 설정해야 한다. 만일 당신이 청중으로부터 어떤 반응을 기대하는지, 그 부분에 대해 아무 생각이 없다면 당신의 연설을 듣는 청중도 당신과 마찬가지일 것이다. 당신은 당신의 청중이 _________를 원하는가?

- 박수갈채 보내기
- 중요한 사안에 대해 결심하기
- 즉각적인 반응 보이기

- 당신이 전하는 메시지를 이의 없이 받아들이기
- 냉담한 반응 보이기
- 지루해하기
- 열정적이기
- 큰 소리로 웃기
- 울기

당연히 당신 자신이 전하는 메시지를 청중이 잘 받아들이고 이해해주기를 바랄 것이다.

연설이 궁극적으로 목적하는 바에 대한 결정은 실상 연설문을 작성할 때 이루어지며, 그런 과정을 거쳐 준비된 연설을 하게 될 때 당신은 자신의 메시지가 훨씬 더 효과적으로 청중에게 어필한다는 것을 경험하게 될 것이다. 기대하는 반응은 자신이 준비한 대로 이루어지게 되어 있다. 목적달성에 대한 기본적인 철학 중 하나는 가장 먼저 당신이 바라고 원하는 것을 결정하는 일이다. 그러면 당신이 바라고 원하는 무대가 연출될 것이며, 청중의 반응 또한 그와 다르지 않을 것이다. 이런 옛말이 하나 있다. '출발하지 않는 사람이 이를 데는 없다.'

4단계- 연설문을 작성하라

그럼 모든 연설의 기본구조에 대해 먼저 한 번 살펴보자.

1. 오프닝 멘트

2. 주요 메시지

3. 클로징 멘트

첫 번째 순서로, 연설문을 작성할 때는 지금까지 파일에 수집한 자료를 중심으로 당신의 생각이나 아이디어를, 그리고 이 단계에서 당신에게 떠오른 기타 여러 가지 항목들을 일목요연하게 정리하라.

두 번째 순서로는, 정리된 항목 중에서 어떤 내용을 전달하려하는지를 최종적으로 선정하고, 그에 따른 당신의 생각을 논리적으로 전개하라. 이렇게 하는 것이 당신이 구상하고 있는 연설내용을 청중에게 보다 용이하게 전달하는데 보탬이 될 것이며, 당신의 연설을 듣는 청중들 또한 당신이 전하는 메시지를 보다 쉽게 이해하게 될 것이다.

세 번째 순서로는, 선정된 각각의 항목에 대한 구체적인 내용을 작성하라. 그런 다음 내용이 완성되면 그것을 보고 그대로 읽어도 하나의 완전한 프레젠테이션 유형의 문체가 될 수 있도록 문장 하나하나, 문단 하나하나, 그리고 쉼표와 마침표까지 정확히 구분하여 표시해 두도록 하라.

5단계- 간단한 메모를 준비하라

메모는 당신이 연설을 하거나 프레젠테이션을 할 때 큰 도움이 된다. 다만 유념할 것은 그것이 당신의 말길을 잡는 걸림돌이 되게 해서는 안 된다는 사실이다.

완전하게 다 쓰인 연설문에서 문단별로 주제를 찾고 그것을 주요 골격으로 삼아라. 그런 다음 당신이 언급하고자 하는 어떤 구체적인 내용이나, 혹은 그 주제를 떠올리게 할 만한 문장 중에서 한두 단어 정도를 메모해 두도록 하라. 그렇게 해두면 당신이 연설을 할 때 주요 주제와 부속 주제가 서로 자연스럽게 연결되어 전달하고자 하는 내용을 잘 마무리하는데 도움을 얻게 될 것이다. 연설을 하기 위한 전체적인 맥락에서 이러한 전략적인 사전 준비는 필수적이다. 그리고 연설문의 행간은 넉넉하게 띄어주고, 바로 그 공간에 메모를 하되, 눈에 잘 띄게 대문자로 표기하라. 주요 주제는 다른 내용과 구분될 수 있도록 색깔 있는 형광펜으로 표시를 해두면 좋고, 주요 내용 부분에다 밑줄을 그어 표시해두어도 괜찮다. 혹은 어떤 특별한 단어나 문구에 박스를 쳐 놔도 좋다. 어쨌든 어떤 내용을 핵심 주제로, 혹은 그 부속주제로 언급할 때 차이를 두어 강조할 수 있도록, 그리고 연설하기에 편하도록 표시를 해두면 된다. 이 모든 것은 전부 당신의 연설이 성공적으로 마무리되는 데 적잖은 도움을 주게 될 것이다. 연설 내용을 카트 같은 데에 담아 활용해도 괜찮다. 다만 확실히 해 둬야 할 것은 연설문 각 쪽에 번호를 먹이되, 그 순서가 뒤바뀌지 않도록 해야 할 것이며, 낮은 쪽 번호가 맨 위로 가도록 정리하면 된다.

당신의 꼼꼼한 메모가 당신의 연설에 도움이 될지, 아니면 덫이 될지를 판가름 할 엄밀한 검증은 당신으로부터 3피트 떨어져 있는 지점으로부터 나오게 될 것이며, 당신이 준비한 연설문을 정확하게 읽을 수 있는지도 그때 알게 될 것이다.

6단계- 연습하라

프레젠테이션 연습은 실제로 단상에 올라 연설을 하거나 프레젠테이션을 할 때 모든 것이 순조롭게 진행될 수 있도록 해주는 최상의 방법이다. 손에 든 자료를 가지고 하는 프레젠테이션을 몸에 익혀두는 것은 자신감 구축에 적잖은 도움이 되기 때문이다.

대사 잊기

경험 없는 연사에게 있어 가장 큰 공포나 두려움 중 하나는 강연이나 연설 도중에 대사를 잊거나, 혹은 순간적으로 무슨 말을 해야 할지를 잊어버리는 것이다. 이런 현상이 발생하는 데는 보통 두 가지 주요 원인을 들 수 있다. 그것은 연설하는 사람 당사자 자신이 이러저러한 내용에 대해 문제없이 제대로 말을 할 수 있을 거라 스스로 확신을 했거나, 아니면 하고자 하는 얘기를 자신이 모두 확실히 숙지하고 있다 생각하여 연설문에 아무런 메모를 하지 않아서 오게 되는 경우이다. 이 세상 그 어떤 연설자도 아무런 메모 없이 탁월한 기억력만으로 연설을 하는 사람은 극히 희박하다. 뿐만 아니라, 대중 연설을 하는 동안 순간적으로 자신이 하고자 하는 말이 전혀 기억이 안 나는 상황에 직면했을 때 당당한 자신감을 보일 수 있는 사람 또한 거의 드물다. 그래서 하는 말이지만 분명히 지적하건대, 절대로 기억에 의존하지 말라. 어떤 상황에서든 공식적인 연설이나 프레젠테이션을 할 때에는 그것에 도움이 될 만한 작은 메모라도 반드시 준비를 해야 한다는 것이 지금 이 순간에 내가 해줄 수 있는 어드바이스다.

 ## 주머니 속 상기노트

- 자신감은 철저한 준비에서 온다

- 6단계에 걸친 준비절차를 꼭 기억하라

- 파일을 준비한다

- 아이디어를 수집한다

- 당신이 목적하는 바를 정하라

- 연설문을 작성하라

- 메모를 준비하라

- 연습하라

- 청중의 이익을 위해 당신이 연설하고 있다는 사실을
  기억하라

 ## 명언

오로지 준비한 연사만이 자신감을 가질 가치가 있다.

-데일 카네기-

내용

우리는 이미 모든 프레젠테이션의 기본 골격은 오프닝, 메시지 전달, 그리고 클로징으로 구성되어 있다는 것을 살펴본 바 있다. 이 장에서는 프레젠테이션을 어떻게 열어나가고, 또 거기에는 무엇을 포함시켜야 하는지에 대한 다양한 예를 들어보고자 한다. 그러나 그에 앞서 먼저 다른 이야기 하나로 본 장(章)을 시작하고자 한다.

당나귀 한 마리를 소유한 사람이 있었다. 그런데 그 당나귀는 전혀 조련이 되질 않았다. 못난 송아지 엉덩이에서 뿔난다고, 그 당나귀에겐 끔찍할 정도로 고약한 버릇까지 있었다. 주인은 특히 그 고약한 버릇 때문에 당나귀를 어떻게 해볼 도리가 없자, 전화번호부를 뒤적인 다음 당나귀 조련사를 찾아 그에게 전화를 걸었다. 그러고는 자기에게 어떤 문제가 있는지를 설명한 다음, 당나귀 조련비용은 또 얼마나 드는지에 대해서도 빼놓지 않고 물었다. 마침내 조련사가 그 문제의 당나귀를 조련소로 데려간다는 내용에 대해 두 사람은 서로 합의를 하기에 이르렀다.

조련사가 당나귀 주인을 찾아오자 당나귀 주인은 그 조련사에게 다시 한 번 그 당나귀의 고약한 버릇에 대해 설명을 하였다. 당나귀 조련사는 곧바로 조련과정에 착수하겠다고 했다. 그러자 당나귀 주인은 자기도 조련소에 가서 그 조련사가 어떻게 당나귀를 조련시키는지 그 과정을 함께 지켜볼 수 있느냐고 물었다. 조련사는 '그리하라' 하면서, '그럼 당신이 당나귀를 잡고 계시오' 라고 말했다. 그렇게 일러놓고 조련사는 마당을 가로질러 헛간 안으로 들어가더니 단단하고 날렵하게 생긴 커다란 막대기 하나를 들고 나왔다. 그러고는 곧바로 당나귀에게로 다가가더니 그것으로 당나귀의 이마를 한 대 날카롭게 내리치는 것이 아닌가. 그런 광경에 화들짝 놀라며 당나귀 주인이 말했다. '대체 지금 뭘 하는 것이오?' 그러자 조련사는 이렇게 대답했다. '훈련의 첫 단계는 그의 주의를 집중시키는 것이오.'

당신이 청중 앞에서 말을 할 때도 그와 다르지 않다. 첫 단계는 확실하게 청중의 주의를 끄는 것이다.

청중의 주의 끌기

청중의 주의를 끌기 위한 몇 가지 방법을 다음과 같이 소개한다.

■ 사람들의 욕구나 욕망 등을 일깨우는 발언을 한다.

모든 사람이 듣고 싶어 하는 그 무엇인가를 말한다. 물론 여기엔 프레젠테이션 방향과 청중의 보편적인 관심에 따라 차이는 있다. 이를테면 다음의 예 같은 경우이다.

'친애하는 신사 숙녀 여러분, 지금부터 신기할 정도로 여러분의 수익을 단번에 올리도록 해줄 만한 몇 가지 아이디어에 대해 딱 30분 정도만 들려 드릴까 하는데 괜찮겠지요, 여러분!'

'친애하는 신사 숙녀 여러분, 지금부터 몇 분간에 걸쳐 여러분의 소비지출을 현저하게 줄이는 방법 한 가지를 알려 드릴까 합니다. 제 얘기만 잘 귀담아들으시면 앞으로 몇 달간은 제법 적지 않은

액수의 돈을 굳히실 수 있을 겁니다.'

■ 색다른 사실을 활용한다.

일상적인 주제를 다루더라도 색다른 사실을 도입, 활용하라. 그러면 분명 큰 흥미와 관심을 이끌어 낼 수 있을 것이다. 예를 들어 기네스북에 오른 이색적인 어떤 기록은 청중에게 뭔가 생각을 유도하여 자극하는 기회를 제공해 줄 수가 있다.

■ 시청각 보조 장비를 활용하라.

가능하다면 연설이나 프레젠테이션에 도움이 될 만한 프로젝터나 슬라이드와 같은 보조 장비를 활용하라. 그것이 사람들의 관심을 좀 더 집중시킬 수 있는 촉매제가 될 수 있다. 이와 관련한 좀 더 구체적인 내용은 앞으로 나올 15장에서 다루기로 하겠다.

■ 설정한 프레젠테이션 주제를 중심으로 한 내용과 거기에 어울리는 준비된 인용문 등을 읽어 나가면서 전달하고자 하는 주제를 선명하게 부각시켜라.

■ 유머러스한 화법을 구사하라. 이것은 지극히 상식적인 얘기다. 그렇기 때문에 사실 이것을 최상의 방식이라고 할 수는 없다.

이에 대한 얘기는 마지막 장에서 별도로 다루고자 한다.

프레젠테이션 틀 구조화하기

모든 프레젠테이션이 저마다 다르다는 것은 새삼 언급할 필요도 없다. 따라서 연설이나 프레젠테이션의 정확한 틀과 내용에 대해 구구절절하게, 구체적으로 여기서 재차 언급할 생각은 없다. 다만 그 원칙에 대해서는 한 번 짚고 가고자 한다. 연설이나 프레젠테이션의 골격이나 내용은 반드시 다음 사항을 유지해야만 한다.

1. 오프닝.
2. 메시지.
3. 클로징.

다음 사항에 대해서는 반드시 유의한다.

1. 팩트의 제시.
2. 팩트에 대한 자신의 주장.
3. 몸짓(제스처)과 함께 호소.

--〉 1. 잘못된 점이 있다면 그것이 무엇인지를 제시해야 한다.

--〉 2. 팩트에 대한 주장을 펼칠 때 잘못된 것은 어떻게 바로 잡아야 하는지를 제시하라.

--〉 3. 협조를 요청하라.

메시지는 한 번에 하나씩.

대부분의 연사들은 연설문을 작성하거나, 혹은 프레젠테이션을 할 때 자기들이 과하다 싶을 정도로 많은 내용을 다루려 한다는 사실을 스스로 잘 알고 있다.

여기서 한 가지 가이드라인을 제시한다면, 5분 미만의 짧은 연설이나 프레젠테이션일 경우에는 가급적이면 하나, 혹은 최대 두 가지의 주요 이슈를 다룬다 생각하라. 좀 더 긴 시간 동안 얘기를 할 수 있는 상황이라면, 예컨대 30분 정도의 시간이 배정되어 있다면 네 개, 그러나 다섯 개 이상의 논제를 다룰 생각은 접어라.

청중에게 경청할 수 있도록 설득하기

많은 연사들이 흔히 묻기를, 청중이 자기가 전하는 말에 경청을 하면서 그 내용을 함께 즐길 수 있도록 하게 하는 가장 좋은 방법이 무엇이냐는 것이다. 이참에 꼭 필요한 두 가지 방법을 추천한다. 하나는 그림의 힘을 이용하라는 것이며, 나머지 하나는 전하고자 하는 내용을 앞에 앉아 있는 청중과 연관 지어 전개하라는 것이다.

그림의 힘을 활용하라

옛말에 '백문이 불여일견' 이라는 말이 있다. 물건을 살 때도 귀로 듣고 사는 것보다는 눈으로 보고 사는 것이 더 낫다는 것이다. 결국 이 말은 청중에게 연설이나 강연을 할 때 비주얼한 도움 자료를 함께 동원하여 제시해 주는 것이 훨씬 더 효과적인 반응이나 결과를 가져온다는 얘기다. 그러나 이것이 불가능하더라도, 혹은 주어진 상황이 여의치 않다 하더라도 방법이 없는 것은 아니다. 그림이 연상되는 단어를 만들어 내거나, 혹은 상상력을 통해 사람들이 듣고 볼 수 있도록 해주는 그림의 힘을 활용하는 것이 때에 따라서는 훨씬 더 효과적일 수도 있다는 것이다. 다음에 제시하는 두 가지의 예는 기술적인(descriptive) 커뮤니케이션의 중요성을 보여준다.

예 1
난생처음 스키를 타러 가기로 했다고 가정해 보겠습니다. 먼저 여행사의 도움을 받아 예상경비를 뽑고 리조트를 예약하고, 이어 장비를 구입하거나 대여하는 단계를 거치게 되겠지요. 그다음은 스키복을 골라야겠지요. 화려하고 다양한 상품목록 중에서, 원피스로 할지 아니면 투피스로 할지, 그리고 색상은 또 어떤 것으로 할지, 스타일은 또 어떤 것으로 할지에 대해 하나를 선택합니다. 그 과정에서 우리는 가장 중요한 스키를 선택하게 됩니다. 당신에게 딱 맞는 스키는, 리조트에서 배우는 사람들이 대체적으로 하나의 어떤 유행처럼 착용하는 것도 있겠지만, 무엇보다도 당신의 신장 등 신체조건에 어울리는 것이어야 하겠지요. 다시 한번 또 얘기하지만, 스키는 탄력성이나 파괴력 등 그 성능이나 기능에 따라 다양한 소재로 만들어집니다. 스키에 이어 이제는 스키폴을 선정해야겠지요. 곧은 스키 폴을 선택할 수도 있습니다. 끝이 살짝 굽은 것을 선택할 수도 있습니다. 이것 역시 당신의 신체조건에 따라 선정되어야 할 것입니다. 결과적으로 모든 것 중에 가장 중요한 것은 스키 부츠의 선정이라 하겠지요.

예 2

리조트에 도착해서 스키복, 스키, 부츠 등등의 여러 장비를 갖추고 가능하면 빨리 산 위로 올라가고 싶어 하는 것은 모든 사람에게 있어서 당연한 바람이겠지요. 알고 계시겠지만 보통 케이블카를 타고 올라갑니다. 사실 그것 자체만으로도 아주 멋진 경험이 될 수 있답니다. 케이블카가 조용히 산등성이 위로 올라가면 산허리 중간 중간에 걸려 있는 작은 통나무집들은 큰 볼거리지요. 그런 다음 당신의 시선은, 역시 장관을 이루며 마치 당신을 품에 안듯 성큼성큼 다가오는 소나무를 비롯한 다양한 침엽수의 나무들로 옮겨가게 될 것입니다. 그러다가 당신이 탄 케이블카가 구름 속으로 진입해 들어가면서 갑자기 모든 것이 당신의 시야에서 사라지기도 합니다. 그러면서 서서히 당신은 본격적인 신천지로 빨려 들어가게 됩니다. 그때부터 당신은 멀리 바라보이는 여러 산들의 정상과 설원 위로 쏟아져 내려 부딪치는 햇살을 만나게 됩니다. 그리고 바로 그 지점에서 케이블카는 멈춰 섭니다. 그러면 당신은 거기서 내려 스키를 착용한 채로 설원을 가르기 시작합니다. 짜릿한 흥분에다 노출된 피부에 알싸하게 와 닿는 공기의 느낌, 그리고 설원 위를 가르는 스키의 소리, 그야말로 환상입니다!

대부분 연사들은 어떤 하나의 주제에 집중하며 시간 대부분을 그야말로 그 주제에 대한 프레젠테이션에 할애한다. 그러다가 막바지에 이르면 다시 본인의 연설이나 프레젠테이션이 지닌 목적, 목표, 혹은 그것이 가져올 혜택이나 결과에 대한 언급으로 돌아간다. 그리고 바로 그때에 가서, 그것도 앞에 앉은 청중이 자기 강의를 듣고 거기서 어떤 반응을 보여 올 경우에야 비로소 뭔가 눈에 잡힐 듯 한 가시적인 묘사를 하기에 이른다.

결과에 대한 언급은 굳이 지금 더 절절하게 강조하지 않더라도 마땅히 중요한 부분이다. 결과에 대한 그림을 구상하라. 그리고 그 결과를 팔아라. 당신의 청중이 그 결과를 원하도록 하라. 어떻게, 왜, 무엇을, 그리고 언제 그것을 취득하게 되는지에 대한 그림을 제시하라. 그렇게 되면 그들은 자연스럽게 당신의 연설과 그 내용에 큰 관심을 갖게 될 것이다.

내용을 관련시켜라

청중의 이목을 집중시키기 위한 방법으로, 당신에게 두 번째로 추천하고자 하는 것은 당신이 전하고 있는 내용이 앞에 모여 앉은 청중과 실제로 관련 있는 내용이어야 한다는 것이다. 일부 어떤 연사들은 청중과 관련된 내용이든, 혹은 그들이 관심 가질 만한 내용이든, 그 어떤 내용에 대해서도 다루지 않는 과오를 범한다. 다시 말해서 그들은 청중과 커뮤니케이션을 하지 않는다는 얘기다. 당신이 청중과 커뮤니케이션을 하기 원하는 내용을 선정할 때에는, 당신의 연설이나 프레젠테이션을 듣는 대다수 청중과 관련된 내용이

어야 한다는 사실을 반드시 유념해야 한다.

실제의 삶과 경험에서 나온 이야기를 들려줘라

청중의 주의와 높은 관심을 집중, 유지시키기 위해 앞서 추천한 두 가지 외에 한 가지를 더 추천한다면, 실제로 있었던 실화나 일화, 그리고 유사한 비유사례를 활용하라는 것이다. 다만 여기서 반드시 유의해야 할 것은, 그 이야기를 전할 때 치장하거나 부풀리지 말아야 하며, 사실이 아닌 것을 사실인 양 가장하는 언행은 절대 삼가야 한다.

연사가 실제의 사례나 에피소드를 이야기할 때마다 청중은 실제로 관심을 갖게 된다.

프레젠테이션 마무리하기

프레젠테이션을 마무리하는 데에는, 물론 수많은 방법이 있다. 그중 몇 가지 예를 들었다. 중요 정도의 순서에 따라 정리한 것은 아니지만 각각의 다른 상황에서 이끌어 낼 수 있는 가능한 구상들이다.

■ 주요 핵심 포인트를 요약, 정리하라. 얘기가 길어지면 마무리하고자 하는 의도와 멀어지니 가능하면 6분 이내로 마무리하라. 어떻게 보면 마지막 정리 시간이 실제로 청중에겐 가장 효과적인 시간이 될 수도 있다. 왜냐하면 그 시간에는 연설이나 프레젠테이션 내용 중에서 가장 중요하다 할 만한 내용들을 되짚거나 강조하게 되기 때문이다.

■ 분위기의 전환을 유도하라. '자, 그럼 여러분과 함께, 한 번 마무리해 보는 순서를 갖도록 하겠습니다.' '자, 그럼, 모두 다 같이 지금부터 드리는 제 말씀에 한 번 집중해 보실까요?'

■ 당신의 청중에게 치하하는 감사의 뜻을 꼭 전하라.

■ 자신 있다면 청중이 한바탕 웃을 수 있도록 농담이나, 혹은 어떤 재미있는 이야기를 하나 정도 마련하라.

■ 누구의 말이든, 어떤 책의 내용이든, 혹은 어떤 시인의 시 구절이든 하나를 인용하라. 청중의 스타일에 가장 잘 어울린다 싶을 내용으로, 고도의 테크닉이 가미된 내용으로 하라. 예컨대 당신이 판단하기에 워즈워드의 시 구절이 가장 어울린다 싶으면 그렇게 하라!

■ 분위기를 클라이맥스로 이끌기 위해서는 당신의 음성도 거기에 어울리도록 하라. 그것은 매우 큰 목소리가 될 수도 있고, 반대로 무척이나 부드러운 목소리가 될 수도 있으며, 때에 따라서는

매우 빠르고, 또는 매우 느릴 수도 있다.

 **주머니 속 상기노트**

- 모든 프레젠테이션의 기본 골격은
- 오프닝
- 메시지
- 클로징이다
- 시작부터 청중의 관심을 집중시켜라
- 첫 2-3분 동안에 모든 적응을 마쳐라
- 주제를 설명하라
- 한 번에, 단 하나의 주요 주제만을 다뤄라
- 눈에 보이는 그림을 펼쳐보여 주듯 설명하라
- 실제 있었던 이야기를 활용하라
- 전달하고자 하는 내용을 청중의 관심사와 연관 지어라

 **명언**

가장 위대한 실수는 그 누구도 의식하지 않는 것이다.

-토머스 칼라일-

당신의 청중

주의를 집중시키는 법

지금까지 우리는 청중의 주의를 집중시킬 방법에 대해 다각도로 살펴왔다. 물론 연사는 청중의 주의를 집중시키는 것은 물론이고, 적어도 이것을 일정시간 유지시킬 필요가 있다. 내가 여태까지 들어온 바에 따르면, 청중은 최대 20분가량 주의를 집중시킬 수 있다고 한다. 이게 사실인지의 여부를 따져보는 것이 나로서는 쉬운 일은 아니다. 다만 그동안의 경험을 되돌아 볼 때, 청중의 관심이 내 본 주제에서 벗어나는 것을 사전에 방지하기 위해 의도적으로

12분에서 15분 간격으로 잠깐씩 연설의 본 주제에서 벗어나곤 했던 것 같다. 관심 집중의 기술은 내가 지금까지 강조해 온 내용 중에 있다. 이를테면 실제의 에피소드를 들려준다든가, 혹은 잘 알려진 어떤 인물이 남긴 일화 내지는 해당 주제와 비슷한 유형의 어떤 사례를 그때그때 적절히 들려주는 것이다.

청중의 관심을 집중, 유지시키는 실제 비결은 연사의 열정적인 모습을 보여주는 것이다.

열정을 지녀라

효과적인 연설의 기본이 무엇인지, 다시 그 부분으로 돌아가 보자. 말하자면 연사는 연설 그 자체가 하나의 세일즈 과정인 듯, 자신의 주제를 팔아야 한다. 자기 주제에 대해 진정한 열정이 없는 세일즈맨의 연설을 들어본 적이 있는가? 당신이 이제까지 접해 본 경험이 있거나, 혹은 앞으로도 늘 언젠가 몇 번은 만나게 될, 인위적이고 기만적이며, 겉만 번지르르하게 솔깃한 얘기만을 일삼는 세일즈맨 말고, 진정으로 자신이 전하고자 하는 주제에 대해 진실로 열중하며 연설하는 사람에 대해 생각해 보라. 텔레비전에 등장하는 훌륭한 커뮤니케이터들. 가령 다소 무겁고 지루할 수 있는 묵직한 주제를 아주 재미있는 이야기로 풀어서 일반인들에게 적잖은 관심을 불러일으키는 가운데 멋진 반응을 이끌어 내는, 그야말로 주어진 상황에 열의를 가지고 임하는 사람들에 대해 생각해 보라.

다른 한 영역에서의 상황을 보자. 학계와 비즈니스 상담업계의 수많은 사람들과 세계에서 가장 위대한 매니지먼트 그룹 중의 한 사람으로 불리는 톰 피터스(Tom Peters)를 구분 지을 수 있는 차이점은 무엇인가? 두말할 필요도 없이 자신이 생각하고 있는 주제를 전달하는 과정에서 그가 보여주는 열정이 바로 그것이다. 그 열정은 실제의 연설에서 뿐만 아니라 텔레비전 화면 등에서 보여지는 그의 모습에서 얼마든지 목격된다.

사람들 대부분은 자신이 진실로 믿고 있는 그 어떤 대상에 대해 말할 때 그 스스로가 무척 고무된다는 것, 그리고 그런 태도와 열정이 청중 앞에서 유지되어야 한다는 것을 알고 있다. 하지만 그렇다 하더라도 유능한 연사가 되고픈 마음에 반드시 외향적인 사람이 되어야 한다는 생각은 말라.

청중 앞에 섰을 때에는 열정을 지녀야 한다. 프레젠테이션을 시작할 때, 그러니까 맨 처음에 당신이 떠올릴 멋진 클리셰(cliche)가 하나 있다. '하다 보면 되겠지(fake it 'til you make it)'가 바로 그것이다. 그런 생각으로 열심히 하다 보면 열의는 점차로 자연스럽게 표출되게 돼 있다. 열의나 열정은 전염성이 대단히 강하다. 우리는 열의나 열정과 같은 기질을 지닌 사람들에게 자연스럽게 끌리게 되어 있다. 그런 사람은 파티에 가서 볼 수도 있고, 하다못해 학교에서 귀가하는 명랑한 어린이들 무리에서 볼 수도 있다. 우리는 그런 사람의 애기를 듣고 싶어 한다. 열심히 말하고 있는 사람의 열정이 듣고 있는 우리에게 더 열심히 듣고자 하는 열정을 전염시키기 때문이다.

부정적인 사고는 떨쳐내라

당신이 대중 연설을 많이 하는 경우라 치자. 연설 주제에 대해, 그리고 그것을 전하려는 기회에 대한 열정을 이미 지니고 있는 상황이라 하더라도, 막상 실제로 청중 앞에 서서 연설을 하거나 프레젠테이션을 하려 할 때, 그때까지도 당신이 지니고 있었던 열정이나 열의를 그 무엇인가가 앗아가는 느낌을 받은 경험이 있었을 것이다. 그리고 그런 경험은 아마 앞으로도 종종 겪게 될 수도 있다. 가정에서도 그런 위기가 올 수 있다. 사랑하는 가족의 일원 중 누구

와 사별을 하게 될 수도 있으며, 심지어는 은행으로부터 파산경고
장을 받을 수도 있다.

그렇다면 당신의 마음속에 내재되어 있는 걱정과 염려, 그리고
정신적 부담을 어떻게 하면 떨쳐낼 수 있을까? 아주 간단하게, 그
리고 아주 효과적으로 그렇게 할 수 있는 방법이 있다. 대부분 사람
들은 우리 인간이 지니고 있는 뇌의 어마어마한 수용량과 그 능력
을 완전히 과소평가하고 있다. 우리는 모두 우리 자신이 생각하고
있는 것을 컨트롤할 수가 있다. 만일 머리에 떠오르는 어떤 특정한
생각이 내키지 않는다면 그것을 과감히 제거시켜라. 당신의 마음
밖으로 걷어내도록 하라. 그리고 자신에게 말하라, 내 자신이 그것
에 대한 생각을 하고 싶지 않다고.

만일 당신이 사진사라면 당신이 찍은 필름의 인화지를 받아 들
었을 때 그 구도가 잘 안 맞았거나 원하는 화질이 나오지 않았을 경
우엔 그것을 과감하게 버려라. 우리 마음속에 도사리고 있는, 당신
이 원치 않는 그와 같은 걱정과 거기서 비롯된 부정적인 사고가 있
다면 역시 그것처럼 이 경우에도 과감하게 벗어 던져라.

 **주머니 속 상기노트**

- 열의와 열정으로 청중의 주의집중을 유지시켜라
- '하다 보면 되겠지'
- 부정적인 사고를 버려라

명언

무엇을 말하느냐가 중요한 게 아니라, 그것을 어떻게 말하느냐가 중요하다.

　-작자 미상-

비주얼의 도움

비주얼 자료는 전달하고자 하는 것이 무엇인지를 보다 정확하게 표현하는 데 도움이 된다. 이것은 연사가 연설을 할 때 도움이 될 뿐만 아니라, 청중이 연사의 말을 이해하는 데에도 도움이 된다. 청중의 시야 내에 (비주얼한) 소도구나 장비를 두는 목적은 연사가 전하는 메시지를 청중이 보다 쉽게 이해하도록 돕기 위함이며 전달되고 있는 메시지가 그들에게 보다 효과적으로 받아들여질 수 있도록 하기 위함이다. 그러나 지나치다 싶을 정도로 비주얼한 자료를 너무 많이 동원할 경우에는 오히려 연사가 전하는 말의 파워가 감소된다.

플립 차트(flip chart), 오버헤드 프로젝터(overhead projector), 슬라이드 프로젝터(slide projector), 비디오 프로젝터, 그리고 당연히 파워포인트 등을 포함한 비주얼 도움 장비는 웬만하면 다 갖춰져 있다. 만일 플립 차트를 이용할 거라면, 연사가 오른손잡이일 경우 그것은 연사의 왼쪽에다 설치해둬야 한다. 미리 준비된 플립 차트에 씌어 있는 것은 어떤 것이든 프로페셔널하게 완료돼 있어야 한다. 어떤 연사든 청중 앞에 서게 될 때 자신이 준비한 그 자료가 비록 최고의 것은 아니라 할지라도 큰 도움이 된다는 것만큼은 분명한 사실이다.

비주얼 도구는 간단히 하라

연사들이 가장 흔히 저지르는 실수 중 하나는 그것이 어떤 것이든 간에 너무 많은 비주얼 자료를 만든다는 것이다. 연사들이 지나칠 정도로 많은 내용의 자료와 청중이 미처 따라가며 읽을 수 없을 정도의 많은 글들을 영상 자료 등의 여러 비주얼 도구를 통해 보여주려 한다는 것이 그저 놀라울 따름이다. 이를테면 그 많은 자료와 도구를 일일이 활용하느라 오히려 연사들이 불편함을 느끼게 된다면 연설이나 프레젠테이션은 그만큼 더 불안한 분위기 가운데 진행될 수밖에 없다. 그러다 보면 아무래도 다른 경우의 연사들에 비해 더 많은 실수를 저지를 수밖에 없다.

파워포인트의 이용은 점차 늘고 있는 추세다. 그러다 보니 이를 이용하면서 예기치 않은 돌발 상황이 종종 발생하곤 한다. 예컨대 연사가 연설 도중에 키나 버튼을 잘못 눌러 화면이나 내용이 엉뚱한 곳을 담아내는 통에 원위치로 복귀시키는 것이 오히려 쉽지 않은 상황이 발생하는 것이다. 따라서 이 시점에서 한마디 충고를 한다면, 당신이 파워포인트를 꼭 이용할 생각이라면, 비주얼 도구를 활용은 하되, 너무 그것에 의지하거나 그것을 중심으로 연설이나 프레젠테이션을 진행시키지는 말고 언제나 부가적인 도움 자료 정도로 활용하라는 것이다.

행사장엔 일찍 도착하라. 그리고 여유 있게 시간을 활용하라. 연설을 시작하기 전에 강연 장비는 잘 갖춰져 있는지, 비주얼 자료와 도구 등도 모두 잘 준비돼 있는지, 모든 준비상황이 제대로 차근차근 잘 진행되어 가고 있는지 등의 여러 가지 상황을 꼼꼼히 체크하도록 하라. 끝으로 한 가지 더 충고한다면, 무엇을 하든지 간에, 당신이 비주얼 자료를 활용하고 있는 상황이라 하더라도 그것에 시선을 유지시키지는 말도록 하라. 사실 대부분의 연사들은 자신들의 시선을 청중에게 보여주고 있는 그 비주얼 도구에 시선을 고정시키는 경향이 있다. 사실 그것이 그들 대부분에게 있어서는 대단히 일상적인 일이나, 연사들이 간과하고 있는 게 하나 있다. 비주얼 자료를 보여주고 있는 상황이라 하더라도 청중은 자기네들이 보지 못하고 있는 부분을 그 연사는 어떻게 보고 있는지, 그것을 찾고자 연사를 바라보고 있다는 사실이다.

 ## 주머니 속 상기노트

- 일찍 도착해서 행사장을 점검하라
- 모든 장비를 사전에 미리 점검하라
- 만일 어쩔 수 없이 돌아서서 청중에게 등을 보이게 될 경우에도 중단하지 말고 계속해서 말하라
- 비주얼 도구에 의존하지 말라
- 비주얼 관련 도구와 자료는 간단히 하라
- 모든 비주얼은 프로페셔널하게 보여야 한다
- 준비와 연습으로 실수를 예방하라

다른 사람이 당신에게 관심을 보일 수 있도록 하는 데는 2년이 걸리지만 당신이 다른 사람에게 관심을 보이면 단 두 달 후에는 더 많은 친구를 사귈 수 있게 될 것이다.

-데일 카네기-

당신의 외모

당신이 추구하고 있는 명성과 신뢰 구축에 보탬이 될 수 있는 몇 가지 구체적인 내용에 대한 의견 제안이다. 먼저 착용 의상은 스마트해야 한다. 남성 연사들은 모두 정장차림이어야 한다. 그리고 정장 재킷은 반드시 단추를 채워야 한다. 이따금씩 일부 기업 경영자나 회장은 의도적으로 재킷을 벗고 청중과 함께 격의 없이 대화를 나누는 경우도 있긴 하다. 이러한 경우는 회합장의 분위기를 서로 간에 어떤 거리감 없이 터놓고 의견을 교환할 의도로 서로 간에 암묵적인 공감이 이루어진 상황이다. 그러나 이것은 그야말로 연배는 물론 사회적 위치가 비교적 높은 경우에 국한되어야 한다. 아무리 작고 사소한 부분이라 하더라도 결코 간과하여 지나쳐서는 안 된다. 왜냐하면 그런 작은 모습 하나하나에서 청중은 삐걱하고 다른 노선으로 이탈해 나갈 수 있기 때문이다. 머리는 단정해야 하고, 구두는 깔끔해야 하며, 장신구는 되도록 간소하게 착용해야 한다.

우리가 이미 살펴본 바 있는 자신감은 철저하고 정확한 준비에서 온다. 그러나 또한 자신감은 호감 있는 외모에 의해서도 공히 구축될 수 있다.

잘 갖춰 입어 자신의 외모가 근사해 보인다는 생각이 일단 들면, 그들의 정신적 채비는 이미 어느 정도 갖추어졌다고 볼 수 있으며, 그로 인해 연설에 대한 그들의 자신감은 크게 증강될 것이다.

자세

외모에 대해 신경 쓰는 만큼 바른 자세로 강연을 해야 한다는 사실을 유념해야 한다. 또한 그 자세는 당연히 긍정적인 자세이어야 한다.

　　많은 연사들이 프레젠테이션을 하기 바로 직전 자기 자신의 이미지에 대해 부정적인 생각을 갖는 예가 적지 않은 것 같다. 그들은 연단에 서기 직전에 자신의 생각이나 심경을 함께 자리하고 있는 친구나 동료들에게, 어떻게 보면 대단히 위험할 수도 있는 생각을 표현한다. 이를테면 이런 말들이다. ‘그다지 큰 기대는 안 하고 있습니다.’ ‘대중 연설, 이것 정말 못 할 짓입니다.’, ‘저는 좋은 연설가가 아닙니다.’, ‘만에 하나 내가 말을 더듬게 되면 그건 정말 끝장인데.’, ‘강연을 제대로 준비할 수 있는 충분한 시간을 갖질 못했답니다.’ 등과 같은 표현들이다.

　　이런 것들은 모두 부정적인 발언이며 부정적인 사고이다. 이런 발언들은 당당하고도 멋진 프레젠테이션을 이끌게 하기보다는 오히려 그것을 더욱 힘들고 어렵게 하는 요소들로 작용하기 십상이다. 따라서 부정적이지 않고 긍정적인 생각을 해야만 한다. 그렇다고 해서 ‘난 훌륭한 연설가(강연가)입니다.’, 혹은 ‘난 이번 강연(연설)이 정말 기대가 됩니다’ 와 같은 말들을 주위 사람들에게 하고 돌아다녀야 한다는 얘기를 하는 것은 아니다. 다만 적어도 자신 스스로에게만큼은 당당하고 자신감 있는 자세로 임하고 그 자세를 유지해야 한다는 것이다.

'나는 훌륭한 연설가이다.', '내 청중은 내 프레젠테이션을 즐기게 될 것이다' 와 같은 말들을 자기 스스로에게 함으로써 정신적인 준비를 해야 한다. 청중이 당신의 프레젠테이션을 듣고 즐거워하면서 마침내는 열정적으로 박수갈채를 보내는 그런 모습을 그려보아라. 그리고 당신의 프레젠테이션을 듣는 청중은 모두 정말 좋은 사람들일 것이라고, 그리 여겨라.

계속해서 당신 자신에게 말하라. '다 잘될 것이다. 아주 훌륭하게 진행될 것이다. 아주 근사하게 잘 진행될 것이다!'

주머니 속 상기노트

- 첫인상이 가장 중요하다
- 자신감은 당신 자신이 스마트해 보인다는 사실을 앎으로부터 시작된다
- 악센트나 이따금씩 올 수 있는 말더듬 현상에 대해서는 염려하지 밀라
- 긍정적인 자세를 발전시켜라

■ 당신 자신을 믿어라

🗨 명언

　가장 깊은 곳까지 접근하여 모든 질병을 다스릴 수 있는 음악
은 진심에서 우러나오는 말이다.

　　-랄프 왈도 에머슨-

전달

발표자(혹은 연사)는 프레젠테이션을 시작하기 위해 단상으로 걸어 올라가거나, 혹은 좌중에서 그대로 일어선다. 그렇다면 그 상황에서 제일 처음으로 그가 해야 할 일은 무엇일까?

이 경우, 전문적인 연사들은 맨 처음 무엇을 할까? 그들은 모든 동작을 멈추고 부드러운 미소를 지으며 청중에게 시선을 던진다. 이런 행위는 다소 경직되어 있을 청중의 분위기를 누그러뜨려주는 역할을 해주며 그런 시선을 받은 청중은 연사에게 다시 미소로 화답하게 될 것이다. 중국 속담에 이런 게 있다. '미소를 짓지

못하는 사람은 절대 점포를 내서는 안 된다.'

연설, 혹은 커뮤니케이션?

당신의 연설, 혹은 프레젠테이션이 이제 시작되었다. 당신은 지금, 소위 '대중 연설' 내지는 어떤 놀랍고도 재미있는 말을 여러 사람 앞에서 하고 있는 중이다. 그런데 청중의 컨디션에 따라서 당신의 연설이나 말이 당신이 본래 의도했던 것과는 또 다른 의미로 받아들여질 수도 있다.

일부의 어떤 연사는 청중의 반응이나 정서적 분위기는 아랑곳하지 않고, 그 분위기가 어찌 됐든 자신이 전하고자 하는 내용을 그저 열심히만 전하고자 한다. 그야말로 그저 자신의 메시지를 청중에게 줄줄 풀어놓는 것이다. 사실 나는 '대중 연설(public speaking)'이라는 말보다는 '대중 대화(public conversation)'라는 말이 더 맘에 든다. 우리는 쌍방이 서로 오가는 방식의 대화에 더 친숙하다. 따라서 대중 연설도 그렇게 되어야 한다는 것이 내 생각이다. 연사는 자신의 강연이나 연설이 어느 정도 이어질지에 대해 말하면 청중은 그에 대해 표정으로 답한다. 결국 강연이나 연설, 혹은 프레젠테이션 모두 일방적인 메시지 전달보다는 듣는 이들과의 커뮤니케이션이 중요하다는 것이다.

눈 마주침

한 무리의 청중과 대화를 갖는 기술의 일환으로 한 가지 조언을 한다면, 당신의 연설이나 프레젠테이션을 듣고 있는 사람들의 눈을 바라보고자 하는 의식적인 노력을 반드시 해야 한다는 것이다. 그리고 청중의 규모가 크던, 혹은 청중이 자리한 공간이 좀 어두운 곳이라 할지라도 당신은 언제나 늘 당신의 시선으로 그들을 훑어야 한다.

눈 마주침, 다시 말해서 청중과의 시선의 교류는 청중이 당신의 말에 귀를 기울일 수 있도록 돕는데 지대한 역할을 한다.

그리고 여기서 눈 마주침이라는 주제와 관련하여 한 가지 빼놓을 수 없는 조언이 하나 더 있다. 특정 부류의 사람에게 너무 빈번히 시선을 던지지는 말라는 것이다. 오히려 그것이 큰 실수가 되는 경우가 있기 때문이다. 일례로 청중 가운데에 함께 자리하고 있는 어느 VIP에게 유독 많은 시선을 전하는 연사들이 있다. 때에 따라서는 이 경우가 그 당사자에게는 부담으로 작용할 수도 있다. 그러니 일부의 특정한 어느 청중과 너무 자주 눈을 마주치려는 유혹과는 싸워야 한다.

말할 때의 자세

프레젠테이션 하는 동안에는 어떤 자세를 유지하고 있는 것이 가장 좋을까? 내 사견으로는 바로 서서 하는 것이 가장 좋겠다는 생각이다. 사람이 서서 말을 하게 되면 그 당사자가 하는 말의 가치나 중요성이 그만큼 올라가게 돼 있다.

프레젠테이션을 마치고 질의응답이나 토론을 전개할 생각이면 그때는 자세를 바꿔도 무방하다. 아니, 자세를 바꾸는 것이 더 효율적일 수가 있다. 자리에 앉는다는 것은 격식을 갖추지 않는다는 의미를 내포하며, 그렇게 되면 좀 더 편안하게 각각의 사람들이 자신의 의견이나 질문 등을 피력하게 된다. 그러나 프레젠테이션을 할 때에는 가능하면 일어서서 하도록 하라.

프레젠테이션을 하는 사람의 자세는 대단히 중요하다. 이와 관련하여 간과할 수 없는 중요한 사항들이 많지만 그중에 몇 가지 사항을 한 번 들어보고자 한다.

움직임 조절

신경 과민한 부류의 사람 중에는 연단에만 오르면 습관적으로 연단 이곳저곳을 왔다 갔다 하는 이들이 있다. 이것은 청중의 주위를 극도로 산만하게 만든다. 연사의 움직임에 따라 청중의 시선도 이곳저곳으로 함께 따라 움직이기 때문이다. 이런 현상은 테니스코트에서 뛰고 있는 두 명의 선수의 움직임을 관람하는 것과 거의 흡사하다. 다시 말해서 연사에 의해 연출된 흔들리는 동작은 오히려 청중의 정신을 이완시켜 그들의 집중력을 분산시키기도 한다. 물론 연사가 청중과 끊임없이 시선을 교류하는 것은 분명 바람직한 일이나, 연사가 연단 이곳저곳을 지나치다 싶을 정도로 분주히 오가는 것은 피해야 한다. 다만 연사와 청중이 함께 호흡을 한다는 수준의 차원에서 연사가 이따금씩 그들에게 시선을 전하는 정도면 무난하리라 본다.

연단에서 좌우로 움직이는 것도 꼭 나쁘다고만 할 수는 없다. 분명코 움직임은 괜찮은 제스처이다. 그러나 그 반경을 크지 않게 유지하는 것이 좋겠다. 프레젠테이션 하는 사람이 주로 위치해 있는 지점으로부터 한두 보폭 이내가 바람직하다. 따라서 만일 당신이 플립 차트나 오버헤드 프로젝터나, 혹은 여타의 다른 시청각 자료를 이용할 생각이라면, 이런 보조 도구는 당신이 프레젠테이션 하는 지점으로부터 보폭 하나 정도 이내의 지점에 설치해 줄 것을 조언한다.

테이블, 혹은 연사용 탁자 이용

어떤 사람은 테이블을 앞에 두고 프레젠테이션 하기를 좋아하고, 또 어떤 사람은 연사용 탁자를 앞에 두고 강연하기를 좋아한다. 우선 테이블과 관련하여 생각해 보자. 이것은 프레젠테이션을 하는 사람에게 우선은 안전감을 제공하는 동시에, 스피치 하는 자기 자신과 청중 사이에 하나의 어떤 울타리 같은 것을 두고 있다는 느낌을 제공한다. 테이블이든, 혹은 연사용 탁자든, 각각을 사용하는 목적은 모두 한 가지이다. 연설이나 프레젠테이션을 하는 동안 자신이 준비해 온 메모나 노트를 손에 든 채로 할 수 없으니 그것을 바로 테이블이든, 혹은 연사용 탁자 위에 놓고 하기 위함이다. 당신도 어떤 이의 강연이나 프레젠테이션을 들으면서 그가 청중 앞에서 자신이 준비한 원고나 메모 등을 손에 들고 흔드는 것을 본 적이 있거나, 혹은 앞으로 언젠가는 보게 될 것이다. 어디 그뿐인가. 강연을 하거나 프레젠테이션을 하는 사람이 앞으로 어느 정도나 더 그런 동작을 하게 될지를 계산해 볼 생각으로 그가 손에 들고 있는 강연 원고나 메모지가 몇 장 정도나 남아 있는지를 헤아려보려는 시도를 나름 하게 될지도 모르겠다. 적어도 앞으로 당신에게 프레젠테이션을 할 기회가 주어질 경우 이런 일이 발생하게 해서는 안 될 것이다.

바람직한 가이드라인을 하나 제시하자면, 언제나 작은 연사용 탁자를 택하고, 가능하면 테이블을 앞에 두고서 연설이나 프레젠테이션을 하지 않도록 하라는 것이다. 만일 가용할 만한 탁자가 없으면, 되도록 아주 작은 테이블이라도 택하도록 하라. 다만 연설이나 프레젠테이션을 할 때에는 그 테이블을 앞에 두고 하지 말고, 차라리 그것을 옆에다 두고 하도록 하라.

만일 지금까지 한 번도 탁자를 사용해 본 적이 없다면 연습하도록 하라. 연설용 탁자는 기대어 서 있으라고 있는 게 결코 아니다. 당신이 설교를 하는 거라면 큰 문제가 되지는 않겠지만 격식을 갖춘 프레젠테이션 자리에서는 반드시 지양해야 할 것이다. 정확히 말하자면 연단에 서서, 처음 몇 분은 적어도 연단에 바로 서서 연설이든 프레젠테이션을 하도록 하고, 그런 다음 서서히 조금씩 당신의 연설 진행에 맞춰 움직이도록 하라.

자세(Posture)

다음과 같은 자세는 피하라.
■ 한쪽 다리에 전 체중을 실어 어정쩡하게 서 있는 자세.
■ 한쪽 어깨를 청중 쪽으로 향하게 하는 자세(당신을 내성적인 사람으로 보이게 한다).
■ 자꾸 뒤로 물러서는 듯한 자세.

바른 자세는 청중을 향해 정면으로 똑바로 서 있는 자세이다.

손의 움직임

일부의 어떤 연사들은, 특히 강연가로서의 커리어를 막 쌓아가기 시작할 무렵, 강연을 하면서 신경과민으로 인해서 두 팔을, 아니 두 손을 어디에다 어떻게 두어야 할지를 몰라 한다. 어떤 때는 뒷짐을 지고, 어떤 때는 앞으로 두 손을 모아 쥐고, 또 어떤 때는 바지의 양쪽 주머니에 찔러 넣고, 또 어떤 때는 동전이나 열쇠를 만지작거리기도 한다. 어디 그뿐인가. 힙에 한 손을 올려놓는 사람, 자꾸 코를 만지는 사람, 귓불을 잡아당기는 사람, 심지어는 등을 긁적이는 사람도 있다!

어떤 사람은 신경질적으로 반지를 만지작거리고, 또 어떤 사람은 스프링이 들어 있는 볼펜을 껐다 켰다 하는 통에 청중의 신경을 한껏 거스르기도 한다.

지금까지 언급한 모든 예는 연사가 피해야 하는 행동들이다.

손은 보이는 위치에 있어야 하며, 가능하면 항상 몸 앞쪽에 두는 것이 좋다.

바람직한 손동작은 전달하고자 하는 말의 가치나 의미를 보완하거나 강조할 수 있는 그런 동작이어야 한다. 전하는 말과 함께 손동작을 하는 연사는 보다 효과적으로 청중과 커뮤니케이션을 할 수가 있다.

침묵

대중 연설이나 프레젠테이션 등에서는 물론이고 일상 대화에서 활용할 수 있는 가장 강력한 테크닉 중 하나는 침묵이다.

만일 청중에게 관철시킬 만한 아주 중요한 포인트가 있다면 그 내용을 줄줄이 이어 언급하기에 앞서 약 1-2초간 말을 멈추어라. 그리고 당신이 전하고자 하는 그 내용이 그야말로 대단히 중요한 포인트다 싶으면 거기서 수 초 간 더 침묵을 지킨 후 언급하라. 발화(發話) 직전의 침묵은 청중으로 하여금 적잖은 기대감을 불러일으킨다. 그리고 두 번째 호흡 순간의 침묵은 당신이 전하고자 하는 메시지가 청중에게 스며들어가 뭔가에 대해 생각할 채비를 하도록 하는 시간을 미리 마련해 주는 역할을 한다.

안타깝게도 많은 연사들은 멋진 인용이 될 수 있는 것을, 혹은 아주 강력한 메시지가 될 수 있는 것을 효율적인 멈춤, 침묵, 혹은 생각할 시간을 청중에게 허락하지 않아 그들로 하여금 자신들이 곧 듣게 될 내용의 강도를 흡수할 수 있는 시간이나 기회를 박탈하곤 한다.

첫 강연이나 연설, 혹은 프레젠테이션을 목전에 두고 이 책을 접하고 있는 중이라면 이 모든 얘기가 무척이나 어렵게 들릴지도 모르겠다. 그렇다면 당신을 안심시키는 차원에서라도 한마디 하고자 한다. 절호의 타이밍은 바로 충분한 연습과 함께 온다는 것이다. 그러나 이 점에 대해서도 너무 염려하진 말라. 열정과 긍정적인 자세, 그것이 훨씬 더 중요하기 때문이다.

열정

열정이 진정함에서 우러나온 것인 한, 그 열정과 진정함이 당신 안에서 서로 결합한다면 당신은 자신이 지니고 있는 열정을 결코 잃지 않을 것이다. 아울러 항상 당신은 선을 추구하고 최선을 열망하는 긍정적인 마음가짐을 유지, 구축할 수가 있다.

우리는 라디오, TV, 신문 등이 날마다 제공하는, 세계 도처에서 흘러나오는 불행, 싸움, 굶주림 그리고 전쟁에 대한 뉴스의 홍수 속에 살아가고 있다. 우리는 대부분의 그러한 고통스러운 일들과 관련하여 뭔가를 제대로 할 수 있는 게 거의 없다. 또 그런 고통스런 상황이 계속 악화되어 가고 있다고 말하는 사람들이 늘 주변에 산재해 있다. 따라서 좋은 측면을 바라보라. 긍정적인 성과나 업적에 대해 집중하라. 희망과 소망의 시선으로 미래를 바라보라. 그리고 늘 그 희망과 소망에 대한 시선과 느낌을 청중에게 전달하라.

자연스런 열정의 발전적인 전개를 통해 당신은 훌륭한 프리젠

터(presenter)가 될 것이다. 교육을 제대로 받지 못했거나, 아니면
아예 받지 못했으면서도 뛰어난 능력을 지닌 연사들이 결코 적지
않다. 다소 세련되지 못한 부분은 있으나 그들은 주위를 놀라게 할
정도의 크나큰 열정을 지니고 있으며, 세상에 산재해 있는 여러 조
직이나 단체를 통해 그 열정을 발산하고 있다.

 ## 주머니 속 상기노트

- 먼저 청중의 호응을 얻어내라
- 미소를 통해 청중과의 사이에 있을 수 있는 장벽을
  걷어내라
- 청중에게 프레젠테이션 시간을 알려주어라
- 프레젠테이션은 대중 연설보다는 대중과의 대화처럼
  진행하라
- 시선 접촉을 유지하라
- 프레젠테이션은 일어서서 하라
- 청중을 마주 보고 서라
- 청중에게 프레젠테이션 시간을 알려주어라
- 손의 움직임은 말과 함께 진행하라

- ■ 침묵을 활용하라
- ■ 자연스런 열정을 발전시켜라

내 세대의 가장 위대한 발견은 인간은 마음가짐을 바꿈으로써 자신의 삶을 변화시킬 수 있다는 것이다.

-윌리엄 제임스-

좋은 습관을 발전시켜라

좋은 습관을 발전시킴으로써 청중을 당신 편으로 서게 할 수 있다.

인칭대명사를 사용하라

첫 번째 좋은 습관은 '나', '우리', '당신', 그리고 '그들'과 같은 중요한 단어에 대한 조심스러운 사용이다.

'나'란 단어는 가급적 삼가 쓰도록 해야 한다. 굳이 쓰고자 한다면 자신의 지난 경험담이나 실수담에 대한 언급을 할 때 정도로 국한시키는 것이 좋겠다. 아울러 자신에 대한 어떤 명성을 구축하고자 하는 맥락이나, 혹은 당신 자신이 보인 어떤 행동이나 사고방식 등이 현명했다는 식의 맥락으로는 사용하지 않는 것이 좋겠다.

훌륭한 연사는 보통 '나'란 말은 오직 청중과의 동일시를 위한 상황을 전개하기 위한 일환으로만 사용한다. 청중과의 동일시란 것은 무엇을 의미하는 것일까? 바로 청중과 공통적인 기반을 마련하고 그것을 공유하는 것을 의미한다. 이 공통적인 기반이란 것은 바로 경험이나 공통적인 관심사를 의미할 수 있다. 이것은 단지 동일시뿐만 아니라 감정이입을 발전시켜 전개해 나가는데 지극히 중요하다.

'우리' 그리고 '우리를'과 같은 단어는 '희소식'과 같은 단어이다. 이 두 단어는 커뮤니케이션을 유연하게 유지시켜 나가는데 제법 도움이 된다. 따라서 전하고자 하는 희소식이 있거든 그때마다 '우리', '우리를', '여러분' 그리고 '여러분의'와 같은 단어를 사용하라. 반면에 전하고자 하는 것이 궂은 소식일 때에는, 당신도 스스로가 알게 모르게 어떤 식으로든 부정적인 자세나 어조로 비판적이거나 냉소적인 반응을 보이게 될 것이다. 그러나 전하고자 하는 것이 부정적인 미래 트렌드에 대한 것이라 할지라도, 이럴 때에는 '그들'이란 단어를 늘 사용하도록 하라.

시간을 지켜라

두 번째 좋은 습관은 당신에게 주어진 시간을 엄수하는 것이다. 그것이 프로다. 세미나, 포럼, 그리고 프레젠테이션 등의 인쇄 팸플릿을 보면 여러 프로그램이 시간대별로 다양하게 명시돼 있다. 그렇기 때문에 여러 프로그램에 참여를 희망하고 있는 청중은 당신의 강연이나 프레젠테이션이 제시간에 끝나주기를 바란다. 그런데 일부 컨퍼런스 관리 실무자들은 강연이나 프레젠테이션을 들으러 온 청중을 배려하지 못하고 프로그램 중간에 여유 있는 시간을 충분히 고려하지 않아 화장실을 가고 싶어도 해당 프로그램이 끝날 때까지 기다려야 하는 상황을 초래하기도 한다. 주어진 시간을 엄수하는 것이 중요하다는 것은 바로 이런 이유에서이다.

끝으로, 세 번째 좋은 습관은 프레젠테이션이나 강연 내용을 늘 새롭게 유지, 관리하는 것이다. 강연이나 프레젠테이션이 이전에 했던 것과 똑같은 주제에 대한 것이라 하더라도 매 상황에 발표하고자 하는 내용의 텍스트는 언제나 새롭게 다시 쓰도록 하라. 이런 습관이야말로 당신의 기억과 잠재의식을 새롭게 함은 물론 프레젠테이션의 질을 향상시키는 데 큰 도움이 될 것이다.

'다시 쓰기(rewrting)'를 하라고 하는 것이, 당신이 새로운 프레젠테이션 내용을 완전히 다시 써야 한다고 말하는 게 아니다. 다만 분명히 명심해 둬야 할 게 있다. 매 프레젠테이션에 참여하는 청중의 시각이나 관점은 매번 조금씩 다르다는 것이다. 그렇기 때문에 당신 또한 그런 청중의 시각에 어울리는 내용으로 프레젠테이션에 임해야 한다. 이것은 매우 중요한 사안이다. 전에 발표했던 프레젠테이션 내용과 똑같은 내용을 그대로 쓸 수도 있다. 그러나 당신 스스로가 먼저 알 것이다. 새로운 프레젠테이션 자리에서 그 이전의 프레젠테이션 내용은 부분적으로 맞지 않는다는 사실을 말이다.

 **주머니 속 상기노트**

- 인칭대명사 '나'는 반드시 삼가 신중히 사용하라
- '우리'와 '우리를'은 좋은 소식을 전하는 단어로 써라
- 청중의 시각이나 관점에 어울리는 내용이어야 한다
- 당신에게 주어진 시간을 엄수하라
- 당신의 스피치(프레젠테이션) 내용을 언제나 새롭게 관리, 유지하라

 **명언**

기술의 정수는 일상의 경험에서 나온다.

-작자 미상-

나쁜 습관은 버려라

청중의 열기를 반감시킴은 물론 그들에게 끊임없이 시계를 보게 한다거나 아니면 천장의 형광등이 몇 개나 되는가, 세어보게 할 정도로 지루함을 제공하게 하는 나쁜 습관으로는 어떤 것들이 있는지를 한번 살펴보고자 한다.

거만하거나 잘난 체함

청중의 열기와 관심도를 떨어뜨리는 데 가장 효과적인 방법이 있다면, 그것은 자신의 '잘남'을 부각시키는 언행이다. 이를테면 연사가 의도했든 혹은 의도하지 않았든 간에 강연이나 프레젠테이션 도중에 다음과 같은 내용의'말을 할 수가 있다.

신사 숙녀 여러분, 저는 지금 제가 세계적인 권위자로 인정받기까지의 그 무엇에 대한 애기를 여러분께 들려 드릴까 합니다. 저는 이 분야에서 20여 년간의 경험을 가지고 있습니다. 그리고 수를 헤아릴 수 없을 정도로 여러 번에 걸쳐 라디오와 텔레비전 등에 출연하여 제가 그간 경험했던 다양한 에피소드를 들려주곤 했답니다. 어디 그뿐입니까? 제가 경험한 내용들은 이미 여러 책과 신문 등을 통해서도 수도 없이 다뤄지곤 했지요.

사과나 자기변명 하기

프레젠테이션이나 연설을 자기변명으로 시작해서는 안 된다. '저처럼 문외한이……' 와 같은 말을 사람들은 익히 들어 잘 알고 있다. 그러나 자기변명은 분명 여러 가지 서로 다른 표현으로 나타난다.

■ 늦어서 미안합니다.

- 미안합니다. 미처 준비하지를 못했네요.
- 아주 중요하게 말씀드릴 건 현재 아무것도 없습니다.
- 여러분의 시간을 뺏어서 미안합니다.

자기변명은 입에서 나오는 그 즉시 발표자와 프레젠테이션의 가치를 한꺼번에 실추시킨다. 굳이 어떤 식으로든 청중에게 사과나 변명을 해야만 하는 상황이라면 연사나 발표자를 청중에게 소개하는 사람을 통해서 하는 것이 최상이다.

지나치다 싶은 정도로 많은 상세한 정보 제공하기

프레젠테이션을 할 때, 지나칠 정도의 세세한 정보에 대한 언급은 피하라. 제공한다 해도 그런 정보들은 금방 기억 속에서 사라지기 때문이다. 그렇게 된다면 당신의 프레젠테이션이 자칫 초점 없는 것으로 오인될 수가 있다. 물론 수많은 프레젠테이션의 경우에 있어서 그것의 주요 메시지를 뒷받침하기 위해 상세한 정보를 요하는 경우가 적지 않다. 이처럼 자신이 전하고자 하는 메시지를 뒷받침하기 위한 경우라면 그와 관련한 상세한 정보는 슬라이드나, 오버헤드 프로젝터나, 혹은 플립차트 등의 비주얼한 도구를 통해 전달하는 것이 좋다.

특수용어

청중에게 자칫 생경할 수 있는 화려한 수사, 사내에서 직원들 간에 쓰는 은어, 혹은 전문용어 등은 되도록 피하도록 하고, 대신 당신은 현실주의자가 되어야 한다. 만일 부득이하게 전문용어와 약어 등을 사용해야 하는 상황이라면, 강연이나 프레젠테이션을 듣는 청중의 수준이 통상적 기준으로 볼 때 그 단어 등을 낯설게 느끼지 않는 정도가 돼야 할 것이며, 아울러 그것이 청중과 커뮤니케이션을 하는 데 있어서 불편함을 초래하지 않도록 정확하고 적확하게 사용하여야 한다.

조크

사람들은 대부분 프레젠테이션이 이루어지는 과정에서 유머가 중요하다고들 생각한다. 그러나 이 경우에 있어서도 우리는 언제나 현실적이어야 한다. 이것을 절대 간과해서는 안 된다. 이를테면 어

떤 사람은 조크를 잘하고, 또 어떤 사람은 누군가의 말 흉내를 잘
내고, 또 어떤 사람은 뛰어난 재담꾼이 될 만한, 그야말로 각자 모
두가 저마다의 능력을 지니고 있다. 하지만 그런 반면 그렇지 못한
사람들도 있다. 만일 스스로 생각하기에 조크에 대한 자신감이 없
다고 판단한다면 그것을 피하라. 적절한 장소에서, 적절한 순간에
동원되는 조크는 대단히 큰 즐거움과 재미를 선사하지만, 그 조크
가 듣는 이에게 잘 수용될 것 같다는 확신이 들지 않는다면 아예 사
용하지 않는 것이 좋다. '미심쩍으면 버려라' 라는 말을 늘 새겨두
도록 하라.

더티 조크

더티 조크는 절대적으로 금하라.

더티 조크는 청중을 당혹스럽게 만드는 주요 요인이자, 연사에
대한 신뢰도를 떨어뜨리는 주된 원인이 되기도 한다. 더티 조크는
절대적으로 쓰지 말도록 하라. 이것은 얌전을 빼며 강연하라는 애
기와는 전혀 다른 차원의 애기이다.

헐뜯는 말

특정의 어떤 종교나 인종, 혹은 어떤 정당에 대해 비난하거나 헐뜯는 말은 연사가 두 번 다시 반복해서는 안 될 정도의 고약한 실수일 정도로 매우 나쁜 습관이다. 만일에 당신의 청중 중에 단 한 사람이라도 어떤 특정 대상에 대해 당신이 비난하거나 헐뜯는 말에 반대를 하는 입장에 서 있는 사람이 있다면 당신은 그로부터 신뢰나 공감을 박탈당하게 될 것이다. 프레젠테이션 과정에서 부득이하게 꼭 비판적인 언급을 해야 하는 경우라면 제삼자의 입장을 빌어서 하도록 하라.

 ### 주머니 속 상기노트

- 당신이 중요한 사람이라는 것을 스스로 나서서
  과대 포장하지 말라
- 사과나 변명으로 시작하지 말라
- 프레젠테이션 전에는 흡연이나 음주는 삼가도록 하라
- 너무 세세한 정보를 청중에게 쏟아내지 말라
- 무분별한 특수용어의 사용은 금하라

- 청중의 눈높이에 당신의 눈높이를 맞춰라

- 의심나면 버려라

- 청중의 정서에 반하는 언행은 금하라

- 당신의 사고방식 영역에 청중을 위치시켜라

- 누군가를 비판하려거든 제 3자의 입장을 빌어서 하라

명언

공포가 두려워 나는 필요 이상의 위험요소를 제거한다.

-재키 스튜어트-

질문

이 마지막 장에서는 청중에게서 나온 다양한 질문을 처리하는 방법에 대한 얘기를 다루고자 한다. 먼저 연사가 청중에게 질문을 던지는 상황부터 살펴보자.

청중에게 질문 던지기

많은 연사가 스스로 청중의 반응을 이끌지 못해 자신들이 기대하는 반응을 얻지 못한다고 생각한다. 일례로 이런 질문을 던져보자. '신사 숙녀 여러분, 여러분 중, 오늘 이곳에 승용차로 오신 분,

몇 분이나 계십니까?' 연사는 자신의 그 질문에 해당하는 청중이 손을 들어 올리거나, 아니면 말로라도 대답을 해주길 바라는 걸까? 만일 그가 기대하고 있는 반응이, 그야말로 손을 들어 올리는 것이라면 연사는 그 질문을 던지면서 자기가 먼저 손을 들어 올리는 시늉을 해 보여야 한다. 이렇듯 연사는 언제나 먼저 상황을 이끌어야 한다.

질문받기

이쯤에서 청중으로부터 나온 질문을 어떻게 처리할 것인가에 대한 얘기로 다시 돌아가 보자. 똑같이 프레젠테이션을 하는 사람 중에서도 청중으로부터 나온 다양한 질문이 어떤 사람에게는 편치 않은 경험의 순간이 되기도 하겠지만, 또 다른 어떤 사람에게는 프레젠테이션의 과정 중에 있는 가장 즐겁고 유익한 시간이 되기도 한다. 따라서 질문시간을 성공적인 프레젠테이션의 한 순서로 만들기 위해서는 프레젠테이션을 하는 사람이 기본적인 룰을 세워놓는 게 필요하다.

연사나 프레젠터가 강연이나 프레젠테이션을 하는 동안 질문 받기를 원하지 않는다고 가정해 보자. 그렇다면 연사나 프레젠터를 소개한 사람은 강연이나 프레젠테이션을 시작할 때 청중에게 그 부분에 대해서 명확히 사전에 밝혀야 한다. 그와 관련한 예를 다음과 같이 들어본다.

신사 숙녀 여러분, 제가 예상컨대, 아마도 여러분 중에는 강연 도중에 어떤 특정 부분에 대해 질문을 던지고 싶은 분이 계실 겁니다. 하여, 미리 양해의 말씀을 하나 드리자면, 제 강연 말미에 별도로 여러분께서 질문하실 수 있는 시간을 마련할 예정이니까 질문이 있으시더라도 조금 기다리셨다가 그때 해 주시면 감사하겠습니다.

한편 이와 달리, 만일 연사가 아예 청중으로부터 질문 받기를 꺼려할 수도 있다. 그런 경우라면 또 이렇게 말하는 것은 어떨까 한다.

신사 숙녀 여러분, 제 프레젠테이션의 말미 즈음 가서 여러분 중에 제게 질문을 했으면 하는 분이 혹 계실 거라 생각합니다. 또한 제 프레젠테이션이 끝나자마자 곧바로 어디 다른 데를 가실 분도 계실 겁니다. 하여 여러분의 질문은 밖에서 따로 개별적으로 받도록 하겠습니다. 그 점에 대해 양해를 부탁드립니다.

질문처리 테크닉

청중에게 던진 질문은 그들이 제대로 들었는지 늘 다시 확인하라. 여기서 중요한 팁 하나. 당신이 던진 질문을 청중이 들었는지, 혹은 못 들었는지의 여부와는 관계없이 반복하여 물어주는 것이 좋다.

한편 청중이 당신에게 던진 질문에 대한 답을 모를 경우엔 마치 아는 것처럼 억지로 답하지 말라. 이따금씩 질문을 한 사람이 스스로가 이미 답을 알고 있는 경우가 있다. 그런 상황에서 만일 당신이 틀린 답을 하게 될 경우 당신은 자신이 견지하고 있는 자신감과 자제력과는 무관하게 그 순간 상당한 신뢰를 잃게 될 것이다. 그럼으로써 당신은 남아 있는 나머지 프레젠테이션 내용의 가치를 크게 격하시키는 결과를 가져오게 될 것이다. 누군가가 던진 질문에 대한 답을 하지 못하게 될 경우에 사용할 만한 두 가지 테크닉을 다음과 같이 소개한다.

이렇게 말하라. '미안합니다만, 그 질문에 대한 답을 모르겠군요.' 그리고 그 질문의 중요 정도에 따라 이렇게도 말할 수 있다. '지금 제게 하신 질문에 대한 답을 저 나름대로 찾아보도록 하겠습니다.' (그런 다음 반드시 그것을 이행하라.)

이와 달리, 아예 그 청중에게 그 질문에 대한 도움을 청할 수도 있다. '미안합니다. 그 질문에 대한 답을 모르겠네요. 방금 나온 이 질문에 대한 답을 혹시 여기 계신 분들 중 아시는 분 계신지요?'

 ## 주머니 속 상기노트

- 시작 전부터 상황을 리드하라

- 어려운 질문은 반복해서 하라

- 대답을 무리하게 꾸며서 하지 말라

- 필요할 경우 질문자를 사전에 지정하라

- 질문한 사람을 공격하지 말라

- 시종 미소를 유지하라

- 자제력을 잃지 말라

 ## 명언

전문가는 어제 예견했던 일이 왜 오늘 일어나지 않았는지를 내일에 알 수 있는 사람이다.

— 작자 미상

설득당하고 설득하라

초판 1쇄 인쇄 2012년 10월 8일
초판 1쇄 발행 2012년 10월 15일

지은이 리처드 데니
옮긴이 이구용   **펴낸이** 한익수   **펴낸곳** 도서출판 큰나무
등 록 1993년 11월 30일(No. 5-396)
주 소 우)410-360 경기도 고양시 일산동구 백석동 1455-4, 1층
전 화 031)903-1845(대표)   **팩 스** 031)903-1854
이메일 btreepub@chol.com

ISBN 978-89-7891-275-4 (13320)
값 12,000원

잘못 만들어진 책은 구입하신 서점에서 교환하여 드립니다.

값8,000원